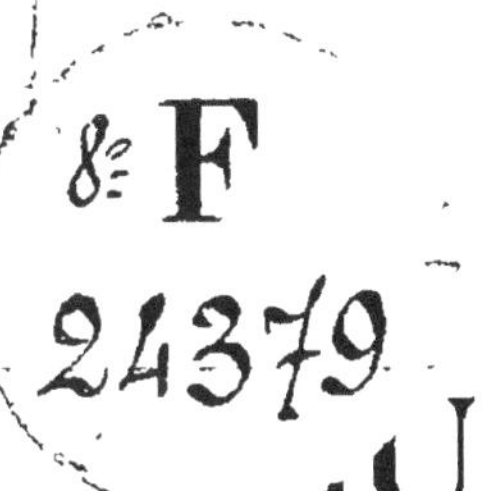

GUIDE PRATIQUE

INDIQUANT AUX COMMERÇANTS

leurs obligations et leurs garanties

vis-à-vis de l'application de la loi

SUR LA

RÉPRESSION DES FRAUDES

Denrées alimentaires et Produits agricoles

—— •O• ——

A. FLOUROU

Commissaire spécial de police
Inspecteur-adjoint et agent du service des prélèvements
Chevalier du Mérite Agricole

CAHORS
IMPRIMERIE TYPOGRAPHIQUE A. COUESLANT
—
1913

GUIDE PRATIQUE

RÉPRESSION DES FRAUDES

GUIDE PRATIQUE

INDIQUANT AUX COMMERÇANTS

leurs obligations et leurs garanties

vis-à-vis de l'application de la loi

SUR LA

RÉPRESSION DES FRAUDES

Denrées alimentaires et Produits agricoles

————•O•————

A. FLOUROU

Commissaire spécial de police
Inspecteur-adjoint et agent du service des prélèvements
Chevalier du Mérite Agricole

CAHORS
IMPRIMERIE TYPOGRAPHIQUE A. COUESLANT

1913

AVANT PROPOS

Le 1er Août 1905, le Président de la République française promulguait une loi votée par le parlement qui donnait au Gouvernement les moyens de combattre la fraude et la falsification des denrées alimentaires afin de protéger la santé publique et l'honneur commercial.

Si urgente qu'elle fût, l'application de cette loi a été longue à s'organiser.

Depuis sa promulgation de nombreux décrets portant réglement d'administration publique, plusieurs arrêtés commentés par des circulaires ministérielles sont venus compléter l'œuvre du législateur. Les difficultés que présentait une telle organisation ont nécessité des modifications à tous ces documents dont la plupart ont été amendés ou rapportés. Ces remaniements utiles ont établi une confusion dans l'esprit même de ceux qui sont chargés de faire l'application de la loi, à plus forte raison chez les intéressés n'ayant encore de ses prescriptions que des notions très sommaires et dont les nombreuses préoccupations ne leur permettait pas de suivre les diverses phases de toutes ces modifications.

Ils étaient ainsi exposés à être les victimes inconscientes de vexations, sinon injustes du moins pénibles contre lesquelles ils ne pouvaient ni ne savaient s'élever.

Dans leur intérêt il nous a paru nécessaire de compulser tous ces réglements et de les grouper par catégories de denrées et de marchandises pour que, par une consultation rapide, chacun puisse être édifié et connaître ses obligations.

Mais si la loi sur la répression des fraudes impose à ceux qui lui sont soumis des conditions très sévères, le législateur a tenu que son application soit entourée de certaines garanties dont les négociants devraient rigoureusement exiger l'observation.

Cet ouvrage a donc pour but de faire connaître à ceux que la loi préoccupe leur devoir et leur droit.

Son opportunité paraît incontestable, parce que les réglements visant la diversité des produits sont actuellement à peu près tous élaborés et que le Gouvernement jugeant que depuis leur publication les textes en ont été assez répandus pour n'être ignorés de personne veut qu'il en soit fait, à l'avenir, une rigoureuse application.

Dans ce but il a demandé au Parlement et il a obtenu les crédits nécessaires pour créer des inspecteurs qui seront spécialement chargés d'en surveiller l'exécution.

PREMIÈRE PARTIE

Loi du 1ᵉʳ Août 1905

Décret du 31 Juillet 1906

Arrêté du 1ᵉʳ Août 1906

et circulaire du 12 Mars 1907

Indiquant d'une manière générale la façon dont doivent être faits les prélèvements et la quantité des denrées ou produits devant constituer les échantillons.

RÉPRESSION DES FRAUDES

Loi du 1er Août 1903

modifiée et complétée par la loi du 28 Juillet 1912

Article premier. — Quiconque aura trompé ou tenté de tromper le contractant :

Soit sur la nature, les qualités substantielles, la composition et la teneur en principes utiles de toutes marchandises ;

Soit sur leur espèce ou leur origine, lorsque, d'après la convention ou les usages, la désignation de l'espèce ou de l'origine faussement attribuées aux marchandises devra être considérée comme la cause principale de la vente ;

Soit par la quantité des choses livrées ou sur leur identité par la livraison d'une marchandise autre que la chose déterminée qui a fait l'objet du contrat ;

Sera puni de l'emprisonnement pendant trois mois au moins, un an au plus, et d'une amende de cent francs (100 fr.) au moins, de cinq mille francs (5.000 fr.) au plus, ou de l'une de ces deux peines seulement.

Art. 2. — L'emprisonnement pourra être porté à deux ans, si le délit ou la tentative de délit prévus par l'article précédent ont été commis :

Soit à l'aide de poids, mesures et autres instruments faux ou inexacts ;

Soit à l'aide de manœuvres ou procédés tendant à fausser les opérations de l'analyse ou du dosage, du pesage ou du mesurage, ou bien à modifier frauduleusement la composition, le poids ou le volume des marchandises, même avant ces opérations ;

Soit, enfin, à l'aide d'indications frauduleuses tendant à faire croire à une opération antérieure et exacte.

Art. 3. — Seront punis des peines portées par l'article premier de la présente loi :

1° Ceux qui falsifieront des denrées servant à l'alimentation de l'homme ou des animaux, des substances médicamenteuses, des boissons et des produits agricoles ou naturels destinés à être vendus ;

2° Ceux qui exposeront, mettront en vente ou vendront des denrées servant à l'alimentation de l'homme ou des animaux, des boissons et des produits agricoles ou naturels qu'ils sauront être falsifiés ou corrompus ou toxiques ;

3° Ceux qui exposeront, mettront en vente ou vendront des substances médicamenteuses falsifiées ;

4° Ceux qui exposeront, mettront en vente ou vendront, connaissant leur destination, des produits propres à effectuer la falsification des denrées servant à l'alimentation de l'homme ou des animaux, des boissons et des produits agricoles ou naturels, et ceux qui auront provoqué à leur emploi par le moyen de brochures, circulaires, prospectus, affiches, annonces ou instructions quelconques.

Si la substance falsifiée ou corrompue est nuisible à la santé de l'homme ou des animaux, ou si elle est toxique, de même si la substance médicamenteuse falsifiée est nuisible à la santé de l'homme ou des animaux, l'emprisonnement devra être appliqué. Il sera de trois mois à deux ans et l'amende de cinq cents francs (500 fr.), à dix mille francs (10.000 fr.).

Ces peines seront applicables même au cas où la falsification nuisible serait connue de l'acheteur ou du consommateur.

Les dispositions du présent article ne sont pas applicables aux fruits frais et légumes frais fermentés ou corrompus. (Voir circulaire du 12 mars 1907. Causes de prélèvement, page 36).

Art. 4. — Seront punis d'une amende de cinquante francs (50 fr.) à trois mille francs (3.000 fr.) et d'un emprisonnement de six jours au moins et de trois mois au plus, ou de l'une de ces deux peines seulement :

Ceux qui, sans motifs légitimes, seront trouvés détenteurs dans leurs magasins, boutiques, maisons ou voitures servant à leur commerce, dans leurs ateliers, chais, étables, lieux de fabrication contenant, en vue de la vente, des produits visés par la présente loi, ainsi que dans les entrepôts, abattoirs et leurs dépendances, dans les gares, dans les halles, foires et marchés.

Soit de poids ou mesures faux ou autres appareils inexacts servant au pesage ou au mesurage des marchandises ;

Soit de denrées servant à l'alimentation de l'homme ou des animaux, de boissons, de produits agricoles ou naturels qu'ils savaient être falsifiés, corrompus ou toxiques ;

Soit de substances médicamenteuses falsifiées ;

Soit de produits, propres à effectuer la falsification des denrées servant à l'alimentation de l'homme ou des animaux, des boissons ou des produits agricoles ou naturels.

Si la substance alimentaire falsifiée ou corrompue est nuisible à la santé de l'homme ou des animaux, ou si elle est toxique, de même si la substance médicamenteuse falsifiée est nuisible à la santé de l'homme ou des animaux, l'emprisonnement devra être appliqué.

Il sera de trois mois à un an et l'amende de cent francs (100 fr.), à cinq mille francs (5.000 fr.).

Les dispositions du présent article ne sont pas applicables aux fruits frais et légumes frais fermentés ou corrompus (voir circulaire du 12 mars 1907, p. 36).

Seront punis des peines prévues par l'article 13

de la présente loi, tous vendeurs ou détenteurs de produits destinés à la préparation ou à la conservation des boissons qui ne porteront pas sur une étiquette, l'indication des éléments entrant dans leur composition et la proportion de ceux de ces éléments dont l'emploi n'est admis par les lois et règlements en vigueur qu'à doses limitées.

Les règlements prévus à l'art. 11 de la présente loi, fixeront les conditions matérielles dans lesquelles les indications, visées au paragraphe précédent, devront être portées à la connaissance des acheteurs sur les étiquettes, annonces, réclames, papier de commerce.

Art. 5. — Sera considéré comme étant en état de récidive légale, quiconque ayant été condamné par application de la présente loi ou par application des lois sur les fraudes dans la vente :

1° Des engrais (loi du 4 février 1888) ;

2° Des vins, cidres et poirés (lois des 14 août 1889, 11 juillet 1891, 24 juillet 1894, 6 avril 1897) ;

3° Des sérums thérapeutiques (loi du 25 avril 1895) ;

4° Des beurres (loi du 16 avril 1897) ;

5° De la saccharine (art. 49 et 53 de la loi du 30 mars 1902) ;

6° Des sucres (loi du 28 janvier 1903, art. 7 ; loi du 31 mars 1903, art. 32).

Aura, dans les cinq ans qui suivront la date à laquelle cette condamnation sera devenue définitive, commis un nouveau délit tombant sous l'application de la présente loi ou des lois susvisées.

Au cas de récidive, les peines d'emprisonnement et d'affichage devront être appliquées.

Art. 6. — Les objets dont les vente, usage ou détention constituent le délit, s'ils appartiennent encore au vendeur ou détenteur, seront confisqués ;

les poids et autres instruments de pesage, mesurage ou dosage, faux ou inexacts, devront être aussi confisqués et, de plus, seront brisés.

Si les objets confisqués sont utilisables, le tribunal pourra les mettre à la disposition de l'administration, pour être attribués aux établissements d'assistance publique.

S'ils sont inutilisables ou nuisibles, les objets seront détruits ou répandus aux frais du condamné.

Le tribunal pourra ordonner que la destruction ou effusion aura lieu devant l'établissement ou le domicile du condamné.

Art. 7. — Le tribunal pourra ordonner, dans tous les cas, que le jugement de condamnation sera publié intégralement ou par extraits dans les journaux qu'il désignera et affiché dans les lieux qu'il indiquera, notamment aux portes du domicile, des magasins, usines et ateliers du condamné, le tout aux frais du condamné, sans toutefois que les frais de cette publication puissent dépasser le maximum de l'amende encourue.

Lorsque l'affichage sera ordonné, le tribunal fixera les dimensions de l'affiche et les caractères typographiques qui devront être employés pour son impression.

En ce cas et dans tous les autres cas où les tribunaux sont autorisés à ordonner l'affichage de leur jugement à titre de pénalités pour la répression des fraudes, ils devront fixer le temps pendant lequel cet affichage devra être maintenu, sans que la durée en puisse excéder sept jours.

Au cas de suppression, de dissimulation ou de lacération totale ou partielle des affiches ordonnées par le jugement de condamnation, il sera procédé de nouveau à l'exécution intégrale des dispositions du jugement relatives à l'affichage.

Lorsque la suppression, la dissimulation ou la

lacération totale ou partielle aura été opérée volontairement par le condamné, à son instigation ou par ses ordres, elle entraînera contre celui-ci l'application d'une peine d'amende de cinquante francs (50 fr.) à mille francs (1.000 fr.).

La récidive de suppression, de dissimulation ou de lacération volontaire d'affiches par le condamné, à son instigation ou par ses ordres, sera punie d'un emprisonnement de six jours à un mois et d'une amende de cent francs (100 fr.) à deux mille francs (2.000 fr.).

Lorsque l'affichage aura été ordonné à la porte des magasins du condamné, l'exécution du jugement ne pourra être entravée par la vente du fonds de commerce réalisée postérieurement à la première décision qui a ordonné l'affichage.

Art. 8. — Toute poursuite exercée en vertu de la présente loi devra être continuée et terminée en vertu des mêmes textes.

L'article 463 du Code pénal sera applicable, même au cas de récidive, aux délits prévus par la présente loi.

Le tribunal, en cas de circonstances atténuantes, pourra ne pas ordonner l'affichage et ne pas appliquer l'emprisonnement.

Le sursis à l'exécution des peines d'amende édictées par la présente loi ne pourra être prononcé en vertu de la loi du 26 mars 1891.

Art. 9. — Les amendes prononcées en vertu de la présente loi seront réparties d'après les règles tracées à l'article 11 de la loi de finances du 26 décembre 1890, modifié par l'article 45 de la loi de finances du 29 avril 1893 et par l'article 83 de la loi de finances du 13 avril 1898.

Les délinquants condamnés aux dépens auront à acquitter, de ce chef, en dehors des frais ordinaires et au profit des communes, les frais d'expertise engagés par ces dernières lorsqu'elles auront pris l'initiative de déceler la fraude et d'en saisir la justice (laboratoires municipaux).

La Commission départementale peut, sur la proposition du préfet, accorder aux communes qui auront organisé une police municipale alimentaire, des subventions prélevées sur le reliquat disponible du fonds commun.

Art. 10. — En cas d'action pour tromperie ou tentative de tromperie sur l'origine des marchandises, des denrées alimentaires ou des produits agricoles et naturels, le magistrat instructeur ou les tribunaux pourront ordonner la production des registres et documents des diverses administrations, et notamment celles des contributions indirectes et des entrepreneurs de transports.

Art. 11. — Il sera statué par des règlements d'administration publique sur les mesures à prendre pour assurer l'exécution de la présente loi, notamment en ce qui concerne :

1° La vente, la mise en vente, l'exposition et la détention des denrées, boissons, substances et produits qui donneront lieu à l'application de la présente loi ;

2° Les inscriptions et marques indiquant soit la composition, soit l'origine des marchandises, soit les appellations régionales et de crus particuliers que les acheteurs pourront exiger sur les factures, sur les emballages ou sur les produits eux-mêmes, à titre de garantie de la part des vendeurs, ainsi que les indications extérieures ou apparentes nécessaires pour assurer la loyauté de la vente et de la mise en vente ;

3° Les formalités prescrites pour opérer, dans les lieux énumérés à l'art. 4, des prélèvements d'échantillons et des saisies, ainsi que pour procéder contradictoirement aux expertises sur les marchandises suspectes :

4° Le choix des méthodes d'analyses destinées à établir la composition, les éléments constitutifs et la teneur en principes utiles des produits, ou à reconnaître leur falsification ;

5° Les autorités qualifiées pour rechercher et constater les infractions à la présente loi, ainsi que les pouvoirs qui leur seront conférés pour recueillir des éléments d'information auprès des diverses administrations publiques et des concessionnaires de transports.

Dans les lieux sus-visés et sur la voie publique, les saisies ne pourront être faites, en dehors de toute autorisation judiciaire, que dans le cas de flagrant délit de falsification, ou dans le cas où les produits seront reconnus corrompus ou toxiques.

Dans les locaux particuliers, tels que chais, étables ou lieux de fabrication appartenant à des personnes non patentées ou occupés par des exploitants non patentés, les prélèvements et les saisies ne pourront être effectués contre la volonté de ces personnes, qu'en vertu d'une ordonnance du juge de paix du canton, ces prélèvements et ces saisies ne pourront y être opérés que sur des produits destinés à la vente.

Il n'est rien innové quant à la procédure suivie par l'administration des contributions indirectes et par l'administration des douanes pour la constatation et la poursuite des faits constituant à la fois une contravention fiscale et une infraction aux prescriptions de la loi du 1ᵉʳ août 1905 et de la loi du 29 juin 1907.

Refus d'exercice

Nouvelle addition (loi du 28 Juillet 1912)

Quiconque aura mis les inspecteurs ou agents du service de la répression des fraudes dans l'impossibilité d'accomplir leurs fonctions, soit en leur refusant l'entrée de leurs locaux de fabrication, de dépôt ou de vente, soit de toute autre manière, sera passible d'une amende de cent à cinq cents francs (100 à 500 fr.), sans préjudice des peines prévues par les articles 209 et suivant, du Code pénal (Loi du 28 juillet 1912).

L'art. 463 du Code pénal est applicable aux infractions visées par le présent article.

Art. 12. — Toutes les expertises nécessitées par l'application de la présente loi, seront contradictoires et le prix des échantillons reconnus bons, sera remboursé, d'après leur valeur, le jour du prélèvement.

Art. 13. — Les infractions aux prescriptions des règlements d'administration, pris en vertu de l'art. 11, seront punies d'une amende de seize à cinquante francs (16 à 50 fr.).

Au cas de récidive dans l'année de la condamnation, l'amende sera de cinquante francs (50 fr.), à cinq cents francs (500 fr.). Au cas de nouvelle infraction constatée dans l'année qui suivra la deuxième condamnation, l'amende sera de cinq cents francs (500 fr.) à mille francs (1.000 fr.), et un emprisonnement de six jours à quinze jours pourra être prononcé.

Art. 14. — L'article 423, le paragraphe 2 de l'article 477 du Code pénal, la loi du 27 mars 1851 tendant à la répression plus efficace de certaines fraudes dans la vente des marchandises, la loi des 5 et 9 mai 1855 sur la répression des fraudes dans la vente des boissons sont abrogés.

Néanmoins, les incapacités électorales édictées par la loi du 24 janvier 1889, continueront à être appliquées comme conséquence des peines prononcées en vertu de la présente loi.

Art. 15. — Les pénalités de la présente loi et ses dispositions en ce qui concerne l'affichage et les infractions aux règlements d'administration publique rendus pour son exécution, sont applicables aux lois spéciales concernant la répression des fraudes dans le commerce des engrais, des vins, cidres et poirés, des sérums thérapeutiques, du beurre et la fabrication de la margarine. Elles sont substituées aux pénalités et dispositions de l'article 423 du Code pénal et de la loi du 27 mars 1851 dans tous les cas où des lois postérieures renvoient aux textes desdites lois, notamment dans les :

Article premier de la loi du 28 juillet 1824 sur les altérations de noms ou suppositions de noms sur les produits fabriqués ;

Article premier et 2 de la loi du 4 février 1888 concernant la répression des fraudes dans le commerce des engrais ;

Articles 7 de la loi du 14 août 1889, 2 de la loi du 11 juillet 1891 et premier de la loi du 24 juillet 1894, relatives aux fraudes commises dans la vente des vins ;

Article 3 de la loi du 25 avril 1895 relative à la vente de sérums thérapeutiques ;

Article 3 de la loi du 6 avril 1897 concernant les vins, cidres et poirés ;

Articles 17, 19 et 20 de la loi du 16 avril 1897 concernant la répression de la fraude dans le commerce du beurre et la fabrication de la margarine.

La pénalité d'affichage est rendue applicable aux infractions prévues et punies par les articles 49 et 53 de la loi de finances du 30 mars 1902, 7 de la loi du 28 janvier 1903, 32 de la loi de finances du 31 mars 1903 et par les articles 2 et 3 de la loi du 18 juillet 1904.

Art. 16. — La présente loi est applicable à l'Algérie et aux colonies.

Décret du 31 Juillet 1906

La loi du 1ᵉʳ août 1905 édicte dans son article 11 qu'il sera statué par des règlements d'administration publique sur les mesures à prendre pour assurer son exécution.

Le premier de ces règlements fait l'objet du présent décret, il a un caractère général parce qu'il sert de base à tous ceux qui l'ont suivi. Il indique notamment quelles sont : 1° les formalités prescrites pour opérer des prélèvements d'échantillons et procéder contradictoirement aux expertises sur les marchandises suspectes ; 2° Les autorités qualifiées pour rechercher et constater les infractions à la dite loi, ainsi que les pouvoirs qui leur sont conférés, pour recueillir les éléments d'information auprès des diverses administrations publiques et des concessionnaires de transport.

Il est par suite indispensable de reproduire ici les parties essentielles de ce décret auxquelles le lecteur aura souvent à se reporter.

En ce qui concerne les autres règlements, on en trouvera des copies ou des extraits à chaque chapitre se rapportant particulièrement à chacun des produits soumis aux prélèvements.

L'extrait que nous donnons du décret du 31 juillet 1906 est celui qui intéresse tout particulièrement les assujettis :

TITRE PREMIER

ORGANISATION ET FONCTIONNEMENT DU SERVICE DES PRÉLÈVEMENTS

Article premier. — Le service chargé de rechercher et de constater les infractions à la loi du 1ᵉʳ août 1905 est organisé par l'Etat, avec le concours éventuel des départements et des communes.

Le fonctionnement de ce service est assuré, sous l'autorité du Ministre de la Justice, du Ministre de l'Agriculture, et du Ministre du Commerce, de l'Industrie et du Travail, dans les départements par les préfets, à Paris et dans le ressort de la Préfecture de police par le Préfet de police.

Art. 2. — Les autorités qui ont qualité pour opérer des prélèvements sont :

Les Commissaires de police.

Les Commissaires de la police spéciale des chemins de fer et des ports.

Les agents des contributions indirectes et des douanes agissant à l'occasion de l'exercice de leurs fonctions.

Les inspecteurs des halles, foires, marchés et abattoirs.

Les agents des octrois et les vétérinaires sanitaires peuvent être individuellement désignés par les préfets pour concourir à l'application de la loi du 1ᵉʳ août 1905 et commissionnés par eux à cet effet.

Dans le cas où des agents spéciaux seraient institués par les départements ou les communes pour concourir à l'application de ladite loi, ces agents devront être agréés et commissionnés par les préfets.

. . . .

Art. 4. — Des prélèvements d'échantillons peuvent, en toutes circonstances, être opérés d'office dans les magasins, boutiques, ateliers, voitures servant au commerce, ainsi que dans les entrepôts, les abattoirs et leurs dépendances, les halles, foires et marchés, et dans les gares ou ports de départ et d'arrivée.

Les prélèvements sont obligatoires dans tous les cas où les boissons, denrées ou produits paraissent falsifiés, corrompus ou toxiques.

Les administrations publiques sont tenues de

fournir aux agents désignés à l'article 2 tous éléments d'information nécessaires à l'exécution de la loi du 1ᵉʳ août 1905.

Les entrepreneurs de transport sont tenus de n'apporter aucun obstacle aux réquisitions pour prises d'échantillons et de représenter les titres de mouvement, lettres de voiture, récépissés, connaissements et déclarations dont ils sont détenteurs. (Voir refus d'exercice, page 16).

Art. 5. — Tout prélèvement comporte *quatre échantillons*, l'un destiné au laboratoire pour analyse, *les trois autres éventuellement destinés aux experts.*

Art. 6. — Tout prélèvement donne lieu, séance tenante, à la rédaction sur papier libre d'un procès-verbal.

Ce procès-verbal doit porter les mentions suivantes :

1° Les nom, prénoms, qualité et résidence de l'agent verbalisateur ;

2° La date, l'heure et le lieu où le prélèvement a été effectué ;

3° Les nom, prénoms, profession, domicile ou résidence de la personne chez laquelle le prélèvement a été opéré. Si le prélèvement a lieu en cours de route, les noms et domiciles des personnes figurant sur les lettres de voiture ou connaissements comme expéditeurs et destinataires.

4° La signature de l'agent verbalisateur.

Le procès-verbal doit, en outre, contenir un exposé succinct des circonstances dans lesquelles le prélèvement a été opéré, relater les marques et étiquettes apposées sur les enveloppes ou récipients, l'importance du lot de marchandise échantillonné, ainsi que toutes les indications jugées utiles pour établir l'authenticité des échantillons prélevés et l'identité de la marchandise.

Le propriétaire ou détenteur de la marchandise, ou, le cas échéant, le représentant de l'entreprise de transport peut, en outre, *faire insérer au procès-verbal toutes les déclarations qu'il juge utiles.* Il est invité à signer le procès-verbal ; en cas de refus, mention en est faite par l'agent verbalisateur.

Art. 7. — Les prélèvements doivent être effectués de telle sorte que les quatre échantillons soient autant que possible identiques.

A cet effet, des arrêtés ministériels, pris de concert entre le ministre de l'agriculture et le ministre du commerce, de l'industrie et du travail, sur la proposition de la commission permanente, déterminent, pour chaque produit ou marchandise, la quantité à prélever, les procédés à employer pour obtenir des échantillons homogènes, ainsi que les précautions à prendre pour le transport et la conservation de ces échantillons.

Art. 8. — Tout échantillon prélevé est mis sous scellés. Ces scellés sont appliqués sur une étiquette composée de deux parties pouvant se séparer et être ultérieurement rapprochées, savoir :

1° Un talon qui ne sera enlevé que par le chimiste au laboratoire après vérification du scellé. Ce talon ne soit porter que les indications suivantes : nature du produit, dénomination sous laquelle il est mis en vente, date du prélèvement et numéro sous lequel les échantillons sont enregistrés au moment de leur réception par le service administratif ;

2° Un volant qui porte ces mêmes mentions, mais où sont inscrits, en outre, les nom et adresse du propriétaire ou détenteur de la marchandise, ou en cas de prélèvements en cours de route, ceux des expéditeurs et destinataires.

Ce volant est signé par l'auteur du procès-verbal ; il doit l'être ausssi par le propriétaire du produit ou par son représentant.

Art. 9. — Aussitôt après avoir scellé les échantillons, l'agent de prélèvement, s'il est en présence du propriétaire ou du détenteur de la marchandise pouvant en fixer le prix, il doit le mettre en demeure de déclarer la valeur des échantillons prélevés et mentionner sur le procès-verbal cette mise en demeure, ainsi que la réponse qui lui a été faite.

Un récépissé, détaché d'un carnet à souche, est remis au propriétaire ou au détenteur de la marchandise. Il y est fait mention de la valeur déclarée.

TITRE II

FONCTIONNEMENT DES LABORATOIRES

. . . .
. . . .

Art. 13. — Le laboratoire qui a reçu pour analyse un échantillon dresse, dans les huit jours de la réception, un rapport où sont consignés les résultats de l'examen et des analyses auxquelles ces échantillons ont donné lieu.

Ce rapport est adressé au service administratif d'où provient l'échantillon.

Art. 14. — Si le rapport du laboratoire ne relève aucune infraction, le préfet en avise sans délai l'intéressé.

Dans ce cas, si le remboursement est demandé, il s'opère au moyen d'un mandat délivré par le Préfet et sur la représentation du récépissé délivré par l'agent de prélèvement.

Art. 15. — Dans le cas où le rapport du laboratoire signale une infraction à la loi du 1er août 1905, le Préfet transmet sans délai le rapport du laboratoire au Procureur de la République.

Il y joint le procès-verbal et les trois échantillons réservés.

S'il s'agit de vins, bières, cidres, alcools ou

liqueurs, avis doit être donné par le Préfet au directeur des contributions indirectes du département.

. . . .

. . . .

TITRE III

FONCTIONNEMENT DE L'EXPERTISE CONTRADICTOIRE

Art. 17. — Le Procureur de la République informe l'auteur présumé de la fraude qu'il est l'objet d'une poursuite. Il l'avise qu'il peut prendre communication du rapport du directeur du laboratoire et qu'un délai de trois jours francs lui est imparti pour faire connaître s'il réclame l'expertise contradictoire prévue à l'article 12 de la loi du 1er août 1905.

Art. 18. — S'il y a lieu à expertise, il est procédé à la nomination de deux experts, l'un désigné par le juge d'instruction, l'autre par la personne contre laquelle l'instruction est ouverte. Celle-ci a toutefois le droit de renoncer à cette désignaiton et de s'en rapporter aux conclusions de l'expert désigné par le juge.

Les experts sont choisis sur les listes spéciales de chimistes experts dressées, dans chaque ressort, par les cours d'appel ou les tribunaux civils.

L'inculpé pourra toutefois choisir son expert sur les listes dressées par la cour d'appel ou le tribunal civil du ressort d'où il aura déclaré que provient la marchandise suspecte.

Art. 19. — Chaque expert est mis en possession d'un échantillon.

Le juge d'instruction donne communication aux experts des procès-verbaux de prélèvement ainsi que des factures, lettres de voiture, pièces de régie, et d'une façon générale, de tous les documents que la personne mise en cause a jugé utile de produire ou que le juge s'est fait remettre.

Aucune méthode officielle n'est imposée aux experts. Ils opèrent à leur gré, ensemble ou séparément, chacun d'eux étant libre d'employer les procédés qui lui paraissent le mieux appropriés.

Leurs conclusions sont formulées dans des rapports qui sont déposés dans le délai fixé par l'ordonnance du juge.

Art. 20. — Si les experts sont en désaccord, ils désignent un tiers experts pour les départager. A défaut d'entente pour le choix de ce tiers expert, il est désigné par le président du tribunal civil.

Le tiers expert peut être choisi en dehors des listes officielles.

Art. 21. — Sur la demande des experts ou sur celle de la personne mise en cause, des dégustateurs, choisis dans les mêmes conditions que les autres experts, sont commis pour examiner les échantillons.

Art. 22. — Lorsque des poursuites sont décidées, s'il s'agit de vins, bières, cidres, alcools ou liqueurs, le procureur de la République devra faire connaître au directeur des contributions indirectes ou à son repréesntant, dix jours au moins à l'avance, le jour et l'heure de l'audience à laquelle l'affaire sera appelée.

Art. 23. — Il n'est rien innové quant à la procédure suivie par l'administration des douanes et par l'administration des contributions indirectes pour la constatation et la poursuite de faits constituant à la fois une contravention fiscale et une infraction aux prescriptions de la loi du 1er août 1905.

Art. 24. — En cas de non-lieu ou d'acquittement, le remboursement de la valeur des échantillons s'effectue dans les conditions prévues à l'article 14 ci-dessus.

. . . .

Arrêté du 1er Août 1906

Pris par le Ministre de l'Agriculture et le Ministre du Commerce, du Travail et de l'Industrie, cet arrêté a pour but de déterminer, en exécution de la loi du 1er août 1905 et du décret portant règlement d'administration publique du 31 juillet 1906, les conditions matérielles des prélèvements d'échantillons, les précautions à prendre pour leur conservation, les procédés à employer pour qu'ils soient bien homogènes, enfin les quantités à prélever sur chaque denrée ou produit.

Cet arrêté nous paraît avoir une importance telle, que nous ne croyons pas possible d'en distraire le moindre détail, nous en donnons ci-dessus le texte complet.

Le Ministre de l'Agriculture, le Ministre du Commerce, du Travail et de l'Industrie,

Vu la loi du 1er août 1905 et le règlement d'administration publique en date du 31 juillet 1906,

. . . .

Arrêtent :

Art. 1er. — Chaque prélèvement comporte toujours la prise de quatre échantillons.

Ces quatre échantillons doivent être identiques.

Art. 2. — Les échantillons prélevés doivent remplir les conditions suivantes :

I. — LIQUIDES

A. — Liquides vendus en litres, demi-litres, bouteilles, demi-bouteilles, flacons, cruchons, portant des cachets, marques et étiquettes d'origine.

1. *Vins, vinaigres, cidres, poirés.* — Un litre ou une bouteille par échantillon.

2. *Bières.* — Une bouteille ou une canette.

3. *Eaux-de-vie, cognac, armagnac, rhum, kirch,*

4. *Huiles.* — 1 bouteille ou une carafe de 1/2 kilog. par échantillon.

5. *Lait stérilisé.* — 1 bouteille ou une carafe de 1/2 litre par échantillon.
apéritifs divers, liqueurs, sirops. — Une bouteille de 75 centilitres ou un demi-litre par échantillon.

6. *Eau-de-vie blanche, esprit de vin, alcool dénaturé, alcool à brûler.* — (Ces produits sont généralement vendus en litres).

Déboucher l'un de ces litres et en partager le contenu dans quatre flacons d'un quart de litre propres et secs qu'on bouchera avec des bouchons neufs.

On mentionnera au procès-verbal la disposition et le libellé des étiquettes portées sur le litre ainsi employé ; si possible, décoller ces étiquettes et les joindre au procès-verbal.

B. — Liquides contenus dans des fûts, réservoirs, bidons, estagnons, intacts ou en vidange

Les quatre échantillons devront provenir d'un même récipient. Si celui-ci n'est pas encore entamé, s'il est intact, on devra relever minutieusement toutes les marques, cachets ou inscriptions, dont le récipient est revêtu pour les mentionner au procés-verbal, avant de procéder au prélèvement. lequel se fera, soit en piquant le fût avec un foret ou une vrille, soit par tout autre moyen approprié.

On tirera dans un vase quelconque, sec et propre (baquet, terrine, broc, etc.), une quantité de liquide suffisante pour constituer les quatre échantillons, puis on répartira ce liquide entre les quatres bouteilles de prélèvement.

Si l'on ne dispose pas d'un vase sec et propre, et qu'on soit dans l'obligation de remplir les quatre bouteilles de prélèvement en tirant directement au fût, par exemple, on devra s'y prendre à deux reprises, c'est-à-dire qu'on commencera par remplir les quatre bouteilles à moitié seulement, puis on les reprendra, dans le même ordre, pour achever de les remplir.

On indiquera soigneusement au procés-verbal la nature du récipient d'où l'on aura tiré le liquide prélevé, sa contenance approximative et s'il était en vidange, la quantité de liquide qu'il contenait encore au moment du prélèvement.

Dans le cas où le liquide a été mis en bouteilles prêtes à la vente, par le détaillant, on débouchera un nombre suffisant de bouteilles dont on mélangera le contenu dans un vase sec et propre, on remplira avec ce liquide les quatre bouteilles de prélèvement.

Les précautions spéciales à chaque cas, ainsi que les quantités à prélever pour chaque échantillon, sont indiquées ci-après :

Les bouteilles de prélèvement devront toujours être propres et sèches, complètement remplies et bouchées avec des bouchons de liège neufs.

7. *Vins*. — Bouteilles d'un litre ou de 800 centimètres cubes au moins, autant que possible en verre blanc, entièrement propres, sèches, sans aucune odeur.

Elles seront, si elles ont déjà servi, lavées à l'eau de cristaux à 5 p. 100 rincées à l'eau froide, puis complètement égouttées. Si elles doivent servir aussitôt après le lavage, elles subiront un second rinçage avec un centilitre du vin prélevé.

Sur wagon-réservoir la prise du volume nécessaire se fera par le robinet de tirage après avoir laissé écouler et rejeter le premier centilitre.

Sur fût, la prise se fera à l'aide d'un trou de fausset fait au foret sur l'un des fonds, à 10 centimètres environ des bords ; le trou sera garni d'un ajutage métallique d'écoulement et celui-ci assuré par un trou de fausset fait à la partie supérieure du fût.

On devra avoir soin que les bouteilles ne soient pas plus froides que le vin au moment de l'embouteillage.

8. *Laits.*— Un quart de litre par échantillon, soit un litre pour les quatre échantillons. On prélèvera dans des bouteilles de verre blanc propres, sèches et sans odeur. Avant de les boucher on introduira dans chacune d'elles une pastille rouge spéciale de bichromate de potasse.

Lorsque le prélèvement portera sur du lait en cours de débit, c'est-à-dire placé dans une terrine, sur le comptoir ou dans un pot ouvert, on mélangera soigneusement avec une louche le lait avec la crème montée à la surface avant de remplir les bouteilles de prélèvement.

Si le prélèvement porte sur des pots ou bidons intacts, on relèvera la nature des cachets et des marques dont ils sont revêtus avant de procéder à leur ouverture ; on en fera mention au procès-verbal.

On transvasera le lait du pot sur lequel on se propose de faire un prélèvement dans un pot vide semblable, puis on le reversera dans le premier ; ce double transvasement n'a d'autre but que de rendre le liquide homogène, c'est-à-dire de mélanger le lait avec sa crème. On prélèvera alors le lait au moyen d'une louche et en se servant d'un entonnoir, on remplira les quatre bouteilles.

Si l'on ne dispose pas d'un pot vide pour effectuer le transvasement favorable au mélange du lait avec sa crème, on agitera fortement le pot avant de l'ouvrir, puis on s'efforcera d'en rendre le contenu homogène en le brassant avec une louche, on devra alors en verser quelques litres dans un vase quelconque sec et propre et se servir de ce liquide pour remplir les quatre fioles de prélèvement. Si l'on ne dispose d'aucun vase sec et propre convenable, on prendra directement dans le pot avec la louche et on remplira tout d'abord les bouteilles de prélèvement à moitié seulement, puis on les reprendra dans le même ordre pour achever de les remplir.

On pourra faire autant de prélèvements, c'est-à-dire prélever autant de fois quatre échantillons qu'il y a de pots.

On pourra aussi faire un prélèvement moyen sur plusieurs pots. Dans ce cas, après avoir agité soigneusement ceux-ci, on versera quelques litres de chacun d'eux dans un pot vide ou dans un vase sec et propre et on remplira les fioles de prélèvement avec ce mélange.

On indiquera au procès-verbal le nombre de pots ainsi employés à ce prélèvement moyen, ainsi que les marques et cachets dont ils étaient revêtus. On devra se munir, pour les prélèvements de laits, d'une louche et d'un entonnoir.

9. *Bières, cidres et poirés.* — Prélever un litre environ par échantillon, dans des bouteilles résistantes (les bouteilles du genre Vichy suffisent). Le bouchon devra être maintenu soit avec une ficelle, soit avec du fil de fer.

Dans le cas de la bière, si celle-ci est tirée au fût au moyen d'une pompe, on aura soin de laisser perdre le liquide qui a séjourné dans les tuyaux de la pompe, soit un quart ou un demi-litre, avant de faire le prélèvement.

10. *Vinaigre.* — Un litre par échantillon.

11. *Eaux-de-vie, cognac, armagnac, rhum, kirch, marcs, apéritifs divers* (absinthe, vermouth, bitter, amers, quinquinas, etc.), *liqueurs, sirops.* — Un demi-litre, par échantillon.

12. *Huiles.* — Un quart de litre par échantillon.

Si on constate la présence d'un dépôt ou si l'huile s'est épaissie, ce qui est le cas pour certaines huiles en hiver, on devra mélanger et prélever l'huile trouble. On devra prélever les échantillons dans des fioles d'un quart de litre, en verre blanc, autant que possible.

13. *Eau-de-vie blanche, esprit de vin, alcool à brûler, alcool dénaturé.* — Un quart de litre par échantillon.

II. — MATIÈRES GRASSES, PATEUSES, SEMI-FLUIDES
(*A prélever en pots ou bocaux*)

Pour les produits vendus en pots ou bocaux d'origine, on prélèvera quatre échantillons semblables, après s'être assuré que leurs marques, étiquettes ou cachets sont identiques.

14. *Moutardes.* — Pots de 75 grammes environ.

15. *Confitures, miels.* — Pots de 250 grammes environ.

Pour les produits vendus au détail, on placera les échantillons dans des pots de verre, de porcelaine, de terre vernisée du genre des pots employés habituellement pour les confitures ; on s'assurera qu'ils sont propres et secs. La matière prélevée sera recouverte d'un disque de papier paraffiné, parcheminé ou même de papier blanc ordinaire, puis on recouvrira le pot d'un papier propre, solide, que l'on liera avec une ficelle.

16. *Beurres, graisses, alimentaires, diverses, saindoux, fromages mous.* — 200 grammes environ par échantillon.

Pour les beurres, quand le prélèvement se fera sur la motte, on se servira du fil, du couteau ou de la sonde et on aura soin de prendre en tous les points, en se rappelant que certaines mottes sont fourrées, c'est-à-dire que le milieu n'a pas la même qualité que l'extérieur. On prendra ainsi environ 800 grammes de matière qu'on malaxera au couteau, sur une feuille de papier, et dont on fera quatre parts semblables, qui seront placées dans les pots de prélèvement.

17. *Confitures, compotes, miels.* — 200 grammes par échantillon.

Prendre toutes précautions pour assurer la ressemblance des échantillons.

18. *Gâteaux mous* (éclairs, tartes, etc.). — 125 grammes par échantillon.

On constituera les échantillons par un même nombre de gâteaux semblables, si ceux-ci sont petits. S'il s'agit d'une pâtisserie, on prendra des tranches semblables.

19. *Moutarde en pâte.* — 75 grammes environ par échantillon.

Dans ce cas le prélèvement ne se fera plus en pots du genre des pots à confiture, comme précédemment : on emploiera de petits pots de 100 grammes qui pourront être bouchés au liège.

On recouvrira le bouchon d'une feuille de papier qui sera fixée au moyen de ficelle.

III. — MATIÈRES A PRÉLEVER EN BOCAUX POUR ÉVITER LA DESSICATION

Ces produits seront prélevés dans des bocaux propres et secs qui seront bouchés avec un bouchon de liège propre et sans odeur. Le bouchon sera recouvert d'une feuille de papier qu'on liera sur le col du bocal avec de la ficelle.

On prélèvera environ un kilogramme de matières qu'on étalera sur une feuille de papier propre, puis après avoir bien mélangé, on fera quatre tas semblables égaux, qui constitueront les échantillons de prélèvement de 250 grammes environ.

20. *Cafés verts et grillés en grains ou moulus.* — Dans le cas d'un café en poudre on prélèvera en même temps quand cela sera possible, le café grillé en grains dont le café moulu est dit provenir.

21. *Farines.* — Si le prélèvement porte sur un sac scellé, on prendra à la sonde dans toutes les parties du sac ; on recueillera le produit des sondages sur une feuille de papier jusqu'à ce que l'on ait obtenu la quantité nécessaire aux quatre échantillons.

22. *Sels de table, sel marin, sel raffiné, sel blanc.* — S'ils sont en boîtes ou en flacons d'origine, on en prélèvera quatre échantillons semblables de 250 grammes.

IV. — PRODUITS SOLIDES OU EN POUDRE

Lorsque ces produits seront vendus en paquets, sacs, boîtes, tubes, flacons d'origine, on prélèvera quatre échantillons semblables après s'être assuré qu'ils sont identiques.

23. *Cacaos et chocolats en poudre ou granulés.* — Boîtes de 250 grammes.

24. *Thés.* — Boîtes ou paquets de 125 grammes.

25. *Chicorées.* — Paquets de 125 grammes.

26. *Produits de la confiserie.* — Boîtes, paquets ou flacons de 125 grammes.

27. *Pâtes alimentaires, tapioca, sagou, salep, arrow-root.* — Paquets ou boîtes de 125 grammes.

28. *Sucre vanillé ou à la vanilline.* — Sachets ou boîtes de 25 grammes.

29. *Moutarde en poudre.* — Boîtes de 125 grammes.

Lorsqu'on prélèvera des produits en poudre, en grains ou en petits fragments, vendus au détail, on prendra la quantité nécessaire à constituer les quatre échantillons, on la placera sur une feuille de papier propre, puis on mélangera avec soin et on partagera en quatre tas semblables formant les quatre échantillons, chacun d'eux sera placé dans un sac de papier qui ne devra pas porter de marques.

30. *Poivre en grains.* — 100 grammes par échantillon.

31. *Poivre en poudre, quatre épices, piment, gingembre, cannelle, muscade, girofle.* — Echantillon de 50 grammes.

Dans le cas où le produit aura été moulu par le débitant, on fera un prélèvement sur le produit en grains, ou entier, qui aura servi à préparer la poudre.

32. *Safran.* — 10 grammes par échantillon.

33. *Sucre en poudre.* — 125 grammes par échantillon.

34. *Thés.* — 125 grammes par échantillon.

35. *Pastilles et bonbons de chocolat, bonbons divers, boules de gomme, dragées pastilles diverses.* — 125 grammes environ par échantillon.

36. *Pâtes alimentaires semoules.* — 100 grammes par échantillon.

37. *Fleurages.* — 250 grammes par échantillon.

Pour les produits en tablette, en bâtons, en pains, en pièces pouvant être débitées en les vendant à l'unité, on relèvera les marques, cachets et étiquettes dont ils sont revêtus et on en mentionnera au procès-verbal le texte et la disposition. Chaque échantillon sera enveloppé d'une feuille de papier sans marques ou placé dans un sac de papier sans marques.

38. *Chocolat en tablettes, bâtons, croquettes, objets en chocolat.* — 125 grammes par échantillon.

39. *Pâtisseries sèches, petits fours, biscuits.* — 250 grammes par échantillon.

40. *Suc de réglisse.* — 50 grammes par échantillon.

41. *Vanille en gousses.* — Ce produit est généralement vendu en tubes de deux à trois gousses, on prélèvera quatre tubes semblables.

Les produits suivants seront soigneusement enveloppés dans une feuille de papier parcheminé ou paraffiné, puis enfermés dans un sac de papier sans marques.

42. *Pain d'épice.* — 250 grammes par échantillon.

43. *Fruits secs, fruits confits ou glacés.* — 125 grammes par échantillon.

44. *Produits de la charcuterie, saucisses, cervelas, saucissons, andouilles, andouillettes, pâtés de foies, galantine, rillette, fromage de cochon, jambon, salaison, lard fumé ou salé, poissons fumés ou salés.* — 150 grammes par échantillon.

Prendre toutes précautions pour que les échantillons soient semblables.

45. *Fromages secs* (gruyère, hollande, roquefort, parmeson, etc.). — Prélever quatre morceaux aussi identiques que possible de 125 grammes chacun.

46. *Pain.* — Prélever quatre échantillons de 125 grammes environ chacun aussi semblables que possible, dans un même pain ou dans deux pains semblables. (Voir circulaires des 3 août et 1er novembre 1912 au chapitre vente au poids, page 89).

On prélèvera quatre échantillons identiques c'est-à-dire qu'on s'assurera qu'ils portent les mêmes inscriptions, qu'ils sont du même modèle et du même prix.

47. *Conserves de viande, gibier, volaille, poisson, légumes, fruits, à l'huile, au vinaigre, au vin blanc, au sirop, au sel, etc., en boîtes en fer-blanc, terrines, bocaux ou flacons.* — On prélèvera quatre boîtes, terrines, bocaux ou flacons du plus petit modèle.

L'arrêté qui précède portant la date du 1er août 1906, semble résumer toutes les indications nécessaires pour la bonne application de la loi. Il avait été pris exactement un an après sa promulgation et avait, sans doute, donné lieu à des études sérieuses ; néanmoins certains points de détails avaient dû être mal compris par les agents, car à la date du 12 mars 1907 M. le Ministre de l'Agriculture leur adressait de nouvelles instructions par la circulaire ci-après :

Circulaire du 12 Mars 1907

*portant instruction aux agents du service de
prélèvements*

Produits à prélever. — Les prélèvements porteront exclusivement sur les boissons, les denrées
alimentaires pour l'homme ou les animaux, les produits agricoles, ainsi que, le cas échéant, sur les
produits propres à effectuer la falsification de ces
substances.

Il est rappelé que les dispositions du décret du
31 juillet 1906 ne sont pas applicables à des produits tels que les étains d'étamage, les poteries ver-
nissées, les eaux ordinaires, les eaux minérales naturelles ou artificielles, les engrais, par exemple, dont
la surveillance est prévue par d'autres règlements.

Lieux de prélèvements. — Les prélèvements peuvent être opérés dans les magasins, boutiques, ateliers, voitures, servant au commerce, ainsi que dans
les entrepôts, les abattoirs et leurs dépendances, les
halles, foires et marchés, et dans les gares ou ports
de départ ou d'arrivée, autrement dit dans tous les
lieux où se trouvent détenues, entreposées, mises en
vente ou vendues les substances précédentes. (Voir
note à la fin de la circulaire concernant les caves
des viticulteurs, page 39).

Causes de prélèvement. — Les prélèvements sont
obligatoires dans tous les cas où les boissons, denrées ou produits paraissent falsifiés, corrompus ou
toxiques (art. 4 du décret). Dans le cas où l'état de
corruption ne permettrait pas le prélèvement, on
mentionnerait le fait au procès-verbal.

Les produits suspects, sur lesquels porte le prélèvement, ne peuvent être saisis, leur confiscation ou
leur destruction ne pouvant être ordonnée que par
le tribunal (art. 6 de la loi du 1ᵉʳ août 1905).

Toutefois, en ce qui concerne les denrées corrompues, lorsqu'un règlement municipal, pris en vertu de l'article 97 de la loi du 5 avril 1884, ordonne leur destruction, elle devra être opérée immédiatement, quelle que soit la nature de ces denrées et qu'il y ait ou non délit. Ces règlements sont, par conséquent, applicables aux fruits et légumes frais corrompus, dont la détention, mise en vente ou vente ne constituent pas un délit (art. 3 et 4 de la loi du 1ᵉʳ août 1905), à moins que leur état de corruption ne se trouve intentionnellement masqué, auquel cas il y a tromperie sur l'identité de la marchandise.

Les prélèvements ne peuvent être opérés à la requête et aux risques et périls d'un particulier. Toutefois, les agents s'efforceront d'opérer les prélèvements qui leur seront demandés par le public lorsque cette demande leur paraîtra justifiée : par exemple, lorsqu'un détaillant, ayant des raisons fondées de· soupçonner son fournisseur, demandera qu'un prélèvement soit opéré à la livraison d'une fourniture. Il est nécessaire d'habituer le public à l'idée que le service de la répression des fraudes n'a d'autre préoccupation que de défendre LE CONSOMMATEUR ET LE COMMERCE HONNÊTE CONTRE LES FRAUDEURS.

Conditions du prélèvement. — Ces conditions font l'objet de l'arrêté du 1ᵉʳ août 1906. Dans tous les cas où la substance à prélever ne serait pas comprise dans la nomenclature figurant à cet arrêté, on devra observer les indications données pour les produits analogues, quant aux soins à prendre pour assurer l'homogénéité des quatre échantillons et les quantités à prélever.

Les quantités portées à l'arrêté du 1ᵉʳ août 1906 doivent être considérées comme des indications approximatives ; il est donc inutile de peser exactement les quantités prélevées. *Aussi ne devra-t-on pas renoncer au prélèvement si la quantité de matière est inférieure à celle qui correspond au poids indiqué par l'arrêté* pour les quatre échantillons, mais on devra alors mentionner au procès-verbal la raison pour laquelle les échantillons n'ont pas le poids réglementaire.

5ᵉ *Echantillon.* — Bien que chaque prélèvement comporte la prise de quatre échantillons, on devra laisser un cinquième échantillon entre les mains de l'intéressé, lorsque celui-ci en fera la demande expresse. Cet échantillon ne devra *être revêtu d'aucun cachet, d'aucune marque susceptible de lui donner un caractère officiel,* et il ne peut convenir qu'à l'usage personnel de l'intéressé (cependant, pour les laits, on ajoutera une pastille de bichromate de potasse dans le cinquième échantillon, comme dans les échantillons officiels). L'addition de ce produit est destinée à assurer la conservation du lait en vue de l'analyse (mais le lait ainsi additionné est toxique).

Il est bien entendu que la valeur du 5ᵉ échantillon ne sera pas remboursée.

Procès-verbal. — Il est indispensable de mentionner au procès-verbal les circonstances du prélèvement, notamment en ce qui concerne l'importance du lot de marchandises échantillonné, *la nature des récipients ou des emballages, les marques dont ils sont revêtus, les conditions dans lequelles les marchandises sont détenues, exposées ou mises en vente. On devra mentionner également' la présence de tableaux ou d'inscriptions* placés dans les établissements de vente, en donner le texte et indiquer s'ils sont placés de façon apparente ou non (art. 6 du décret).

Remboursement. — Le récépissé remis au moment du prélèvement sera détaché du carnet à souche délivré par l'Administration préfectorale. On devra mentionner la valeur déclarée de la marchandise prélevée. Toutefois, dans le cas où cette déclaration comportera une majoration évidente de la

valeur réelle, il y aurait lieu de mentionner au procès-verbal, ainsi que sur le récépissé, cette dernière
estimation.

Note. — Dans une de ses instructions aux agents,
M. le Ministre de l'Agriculture disait : « Les caves
d'un viticulteur, contenant du vin destiné à la vente
sont des magasins non ouverts au public, analogues
à ceux des négociants en gros ; ces magasins sont
soumis au contrôle de la répression des fraudes au
même titre que les magasins de détail. »

Les pouvoirs accordés aux agents des fraudes par
ce texte ont paru exhorbitants. Deux arrêts de la
Cour de Cassation, dont ci-dessous les résumés, ont
déterminé exactement les pouvoirs des agents des
fraudes :

Cassation, 25 février 1911. — *L'article 4 du décret
du 31 juillet 1906 renferme une énumération* LIMI
TATIVE *des lieux privés où les agents du service de
la répression des fraudes peuvent opérer des prélèvements d'office.*

On ne saurait y faire entrer la cave d'un propriétaire-viticulteur.

Cassation, 27 janvier 1911. — *Les agents ayant
qualité pour prélever des échantillons, aux termes
de l'article 2 du décret du 31 juillet 1906, ont, sous
les réserves exprimées audit article, en ce qui concerne quelques-uns d'entre eux, une compétence
générale pour procéder à ces opérations. Ils peuvent les effectuer au domicile des consommateurs
sur la demande de ceux-ci.*

DEUXIÈME PARTIE

Lois, décrets, arrêtés et circulaires se rapportant à diverses spécialités de denrées produits et marchandises.

ABSINTHES
ET BOISSONS SIMILAIRES
RICHESSES ALCOOLIQUES

Circulaire du 20 Juillet 1909
aux agents du service de la répression des fraudes

L'article 17 de la loi de finances du 26 décembre 1908 est ainsi conçu :

« Tout récipient contenant de l'absinthe ou boisson similaire doit être revêtu d'une étiquette indiquant, en caractères très apparents d'au moins six millimètres de hauteur, le degré alcoolique du liquide.

« Aucune absinthe ou boisson similaire ne pourra être détenue ou mise en vente à partir du 1er juillet 1909, si sa teneur alcoolique est inférieure à 65 degrés.

« Toutefois des absinthes ou similaires d'un degré alcoolique inférieur à 65 degrés pourront être fabriquées et pourront être détenues par les fabricants à charge d'exportation. »

Les dispositions qui précèdent sont d'ordre essentiellement fiscal. Les agents de prélèvement ne sont pas qualifiés pour constater les infractions au texte dont il s'agit.

Lorsqu'ils se trouveront en présence de récipients qui ne sont pas revêtus des étiquettes prescrites par le paragraphe 1er de l'article précité, ils devront simplement se borner à signaler à M. le Directeur des Contributions indirectes les locaux dans lesquels ces récipients sont détenus.

Mais il y a lieu de remarquer qu'en vertu du paragraphe 2 dudit article toute absinthe ou boisson similaire, détenue en vue de la vente ou mise en vente devra contenir au moins 65 degrés d'alcool.

Dès lors, lorsqu'ils soupçonneront qu'une absinthe vendue sans aucune indication de degré n'a pas les 65 degrés réglementaires, ou s'ils soupçonnent que sa richesse alcoolique est inférieure à celle indiquée, ils devront faire un prélèvement en quatre échantillons dans les conditions ordinaires, en vue de l'application de la loi du 1er août 1905 ; l'acheteur est, en effet, en droit de croire que toute absinthe qui lui est offerte (même sans indication) possède une teneur alcoolique de 65 degrés, et il y a fraude s'il n'en est pas réellement ainsi ; de même qu'il y a fraude si la richesse alcoolique n,est pas celle qui est indiquée.

Dans le cas, d'ailleurs, où l'instruction démontrerait que le vendeur avait soin de prévenir l'acheteur que l'absinthe vendue n'avait pas 65 degrés, il n'y aurait plus infraction à la loi du 1er août 1905 ; du moins, il y aurait toujours fraude fiscale, mais, en ce cas, la Régie aurait seule qualité pour en poursuivre la répression devant les tribunaux.

En résumé, l'article 17 de la loi du 26 décembre 1908, ne modifie en rien les conditions dans lesquelles les agents de prélèvement exerceront avant cette loi le contrôle des absinthes et autres produits en vue de l'application de la loi de 1905, mais l'établissement dans un but fiscal d'un minimum de degré alcoolique est un élément nouveau qui permettra de mieux préciser la fraude commerciale elle-même en ce qui concerne les marchandises en question.

Quant à la signification des mots « Boissons similaires », il y a lieu d'entendre par là toutes les boissons, sous quelque nom qu'elles soient vendues et quelle qu'en soit la composition, qui sont préparées en vue de jouer dans la consommation le même rôle que la liqueur dénommée absinthe.

BEURRE ET MARGARINE

Loi du 16 Avril 1896

concernant la répression de la fraude dans le commerce du beurre et la fabrication de la margarine.

TITRE PREMIER

Article premier. — Il est interdit de désigner, d'exposer, de mettre en vente ou de vendre, d'importer ou d'exporter, sous le nom de beurre, avec ou sans qualificatif, tout produit qui n'est pas exclusivement fait avec du lait ou de la crème provenant du lait ou avec l'un et l'autre, avec ou sans sel, avec ou sans colorant.

Art. 2. — Toutes les substances alimentaires autres que le beurre, quelles que soient leur origine, leur provenance et leur composition, qui présentent l'aspect du beurre et sont préparés pour le même usage que ce produit, ne peuvent être désignés que sous le nom de margarine.

La margarine ainsi définie ne pourra, dans aucun cas, être additionnée de matières colorantes.

Art. 3. — Il est interdit à quiconque se livre à la fabrication *ou à la préparation du beurre de fabriquer ou de détenir dans ses locaux* et dans *quelque lieu que ce soit,* de la margarine ou de l'oléo-margarine, ni d'en *laisser fabriquer et détenir* par une autre personne dans les locaux occupés par lui.

La même interdiction est faite aux entrepositaires, commerçants et débitants de beurre.

Les 2 premiers paragraphes du présent article ne

sont pas applicables aux sociétés coopératives d'alimentation qui ne font pas acte de commerce.

La margarine et l'oléo-margarine ne pourront être introduites sur le marché qu'aux endroits spécialement désignés à cet effet par l'autorité municipale.

La quantité de beurre contenue dans la margarine mise en vente, que cette quantité provienne du barattage du lait ou de la crème avec l'oléo-margarine, ou qu'elle provienne d'une addition de beurre, ne pourra dépasser 10 0/0.

Art. 4. — Toute personne qui veut se livrer à la fabrication de la margarine ou de l'oléo-margarine est tenue d'en faire la déclaration, à Paris, à la préfecture de police, et dans les départements au maire de la commune où elle veut établir sa fabrique.

Art. 5. — Les locaux dans lesquels on fabrique *ou conserve en dépôt et où l'on vend* de la margarine ou de l'oléo-margarine doivent porter une enseigne indiquant en caractères apparents d'au moins trente (0,30) centimètres de hauteur les mots « fabrique, dépôt ou débit de margarine ou d'oléo-margarine ».

Art. 6. — Les fabriques de margarine ou d'oléo-margarine sont soumises à la surveillance d'inspecteurs nommés par le Gouvernement. Ces employés ont pour mission de veiller sur la fabrication, sur les entrées de matières premières, sur la qualité de celles-ci et sur les sorties de margarine ou d'oléo-margarine. Ils s'assureront que les règles prescrites par le Gouvernement, sur l'avis du comité d'hygiène publique, sont rigoureusement observées.

Ils ont le droit de s'opposer à l'emploi de matières corrompues ou nuisibles à la santé et de rejeter de la fabrication les suifs avariés. Ils peuvent déférer aux tribunaux les infractions aux dispositions de la présente loi et des décrets et arrêtés ministériels intervenus pour son exécution.

Art. 7. — Les inspecteurs mentionnés à l'art. 6 peuvent pénétrer en tout temps dans tous les locaux des fabriques de margarine et d'oléo-margarine soumises à leur surveillance dans les magasins, caves, celliers, greniers y attenant ou en dépendant, de même que dans les dépôts ou débits de margarine ou d'oléo-margarine.

Art. 8. — Le traitement des inspecteurs est à la charge des établissements surveillés. Le décret rendu en Conseil d'Etat en fixera le montant, ainsi que le mode de perception et le recouvrement des taxes.

Art. 9. — Les fûts, caisses, boîtes et récipients quelconques renfermant de la margarine ou de l'oléo-margarine, doivent tous porter *sur toutes leurs faces,* en caractères apparents et indélébiles, les mots « margarine » ou « oléo-margarine ». Les éléments entrant dans la composition de la margarine, devront être indiqués par des étiquettes et par des factures des fabricants et débitants.

Dans le commerce en gros, les récipients devront, en outre, indiquer en caractères très apparents le nom et l'adresse du fabricant.

En ce qui concerne la margarine destinée à l'exportation, le fabricant sera autorisé à substituer à sa marque de fabrique, celle de l'acheteur, à la condition que cette marque porte en caractères apparents le mot « margarine ».

Dans le commerce de détail, la margarine ou l'oléo-margarine doivent être livrées sous la forme de pains cubiques avec une empreinte portant sur une des faces en caractères apparents et indélébiles, la même désignation ainsi que le nom et l'adresse du vendeur.

Lorsque ces pains seront détaillés, la marchandise sera livrée dans une enveloppe portant les mêmes inscriptions.

Art. 10. — La margarine ou l'oléo-margarine

importées, exportées ou expédiées doivent être, suivant le cas, mises dans des récipients de la forme et portant les indications mentionnées à l'article qui précède.

Art. 11. — Il est interdit d'exposer, de mettre en vente ou en dépôt et de vendre dans un lieu quelconque de la margarine ou de l'oléo-margarine sans qu'elles soient renfermées dans les récipients indiqués à l'art. 9 et portant les indications qui y sont prescrites.

L'absence de ces désignations indique que la marchandise exposée, mise en dépôt ou en vente est du beurre.

Art. 12. — Dans les comptes, factures, connaissements, reçus de chemin de fer, contrats de vente ou de livraison et autres documents relatifs à la vente, à l'expédition au transport et à la livraison de la margarine ou de l'oléo-margarine, la marchandise doit être expressément désignée, suivant le cas, comme « margarine ou oléo-margarine ». L'absence de ces formalités indique que la marchandise est du beurre.

Art. 13. — Les inspecteurs désignés à l'art. 6 et au besoin des experts spéciaux nommés par le Gouvernement, ont le droit de pénétrer dans les locaux où l'on fabrique pour la vente, dans ceux où l'on prépare et vend du beurre, de prélever des échantillons de la marchandise fabriquée, préparée, exposée, mise en vente ou vendue comme beurre.

Ils peuvent même prélever des échantillons en douane, ou dans les ports, ou dans les gares de chemin de fer.

Art. 11. — Le même que celui de la loi du 1er août 1905 ;

Art. 14. — Le même que l'art. 13 de la loi du 1er août 1905 ;

Art. 15. — Le même que l'art. 12 de la loi du 1er août 1905.

Art. 16. — Ceux qui auront sciemment contrevenu aux dispositions de la présente loi seront punis d'un emprisonnement de six jours à trois mois et d'une amende de cent francs à cinq mille francs (100 fr. à 5.000 fr.) ou de l'une de ces deux peines seulement. Toutefois, seront présumés avoir connu la falsification de la marchandise, ceux qui ne pourront indiquer le nom du vendeur ou de l'expéditeur.

Les voituriers ou compagnies de transport par terre ou par eau qui auront sciemment contrevenu aux dispositions des articles 10 et 12, ne seront passibles que d'une amende de cinquante à cinq cents francs (50 à 500 fr.).

Ceux qui auront empêché les inspecteurs et experts désignés dans les art. · 6 et 13 d'accomplir leurs fonctions en leur refusant l'entrée de leurs locaux de fabrication, de dépôt et de vente et de prendre des échantillons, seront passibles d'une amende de cinq cents à mille francs (500 à 1.000 fr).

Art. 17. — Ceux qui auront sciemment employé des matières corrompues ou nuisibles à la santé publique pour la fabrication de la margarine ou de l'oléo-margarine, seront passibles des peines portées à l'art. 323 du Code pénal.

Art. 18. — En cas de récidive dans l'année qui suivra la condamnation, le maximum de l'amende sera toujours appliqué.

Article 19. — Articles 6, 7, 8, 9 et 10 de la loi du 1er août 1905.

. . . .

Art. 23. — Sont abrogées la loi du 14 mars 1887 et toutes les dispositions contraires à la présente loi.

. . . .

Décret du 29 Août 1907

portant règlement d'administration publique pour l'application de la loi du 16 Avril 1897.

Le Président de la République française,

Sur le rapport de M. le Ministre de l'Agriculture,

Vu la loi du 16 avril 1897 concernant la répression de la fraude dans le commerce du beurre et de la fabrication de la margarine et notamment l'art. 22 dont le 1er paragraphe est ainsi conçu :

« Un règlement d'administration publique statuera sur toutes les mesures à prendre pour l'exécution de la présente loi et notamment sur les formalités à remplir pour l'établissement de la surveillance des fabriques de margarine et 'd'oléo-margarine, sur la surveillance des beurreries, des débits de beurre, de margarine et d'oléo-margarine, des halles et marchés, sur le prélèvement et la vérification des échantillons des marchandises suspectes, sur la désignation des fonctionnaires préposés à cette surveillance et sur les garanties à édicter pour assurer les secrets de la fabrication.

Le Conseil d'Etat entendu,

Décrète :

. . . .

Le titre premier du décret s'occupe exclusivement de la déclaration que doit faire toute personne qui veut se livrer à la fabrication de la margarine, des documents qui doivent y être joints, des fonctionnaires chargés de surveiller la fabrication et les expéditions, enfin des heures d'ouverture et de fermeture de la fabrique.

Le titre II règle la surveillance des beurreries

industrielles et la vente de la margarine, de l'oléo-margarine et du beurre.

La fabrication du beurre est soumise à la même surveillance que celle de la margarine, exercée par des fonctionnaires de la même administration.

Seul l'article 9 intéressé les commerçants qui vendent la margarine ou le beurre ; il s'exprime ainsi :

« Dans les halles et marchés, les pavillons, comptoirs et endroits quelconques affectés au déchargement et à la vente de la margarine et de l'oléo-margarine doivent être séparés de ceux réservés au déchargement et à la vente du beurre par une distance suffisante pour prévenir la fraude. »

Il résulte de cet article du décret que tout commerçant qui vend du beurre, ne peut tenir, en même temps, de la margarine dans son magasin ; il ne peut vendre l'un et l'autre simultanément.

Le titre III règle le fonctionnement et l'organisation du service des prélèvements, des laboratoires et des expertises contradictoires.

Aux agents du service des prélèvements qui agissent pour les autres denrées, viennent s'ajouter pour le beurre et la margarine et l'oléo-margarine :

1° Les inspecteurs des fabriques de margarine et d'oléo-margarine ;

2° Les agents des contributions indirectes et des douanes agissant à l'occasion de l'exercice de leurs fonctions ou commissionnés spécialement à cet effet par M. le Ministre de l'Agriculture.

Les prélèvements sont obligatoires comme ceux des autres denrées et produits, ils peuvent être faits dans les endroits pour eux désignés.

Le procès-verbal doit, en outre, relater les marques et étiquettes apposées sur les enveloppes ou récipients, l'importance du lot de la marchandise échantillonnée, ainsi que toutes les indications jugées utiles pour établir l'authenticité des échantillons prélevés et l'identité de la marchandise.

BIÈRES

Extrait du Décret du 28 Juillet 1908

portant règlement en ce qui concerne les bières

Le Président de la République française,

Sur le rapport des Ministres de la Justice, des Finances, de l'Agriculture, du Commerce et de l'Industrie,

. . . .

Décrète :

Article premier. — Il est interdit de détenir ou de transporter en vue de la vente, de mettre en vente ou de vendre, sous la dénomination de « bière », un produit autre que la boisson obtenue par la fermentation alcoolique d'un moût fabriqué avec du houblon et du malt d'orge pur ou associé à un poids au plus égal de malt provenant d'autres céréales, de matières amylacées, de sucre interverti ou de glucose.

Art. 2. — Doit être désignée sous le nom de « petite bière », la bière provenant d'un moût dont la densité est inférieure à deux degrés.

Art. 3. — Ne constituent pas des manipulations et pratiques frauduleuses aux termes de la loi du 1er août 1905 les opérations ci-après énumérées, qui ont pour objet la fabrication régulière ou la conservation de la bière :

1° La clarification, soit en chaudière, soit pendant ou après la fermentation, à l'aide de substances dont l'emploi est déclaré licite par arrêtés pris de concert par les Ministres de l'Intérieur et de l'Agriculture, sur l'avis du Conseil supérieur d'hygiène publique et de l'Académie de médecine ;

2° La pasteurisation ;

3° L'addition du tannin dans la mesure indispensable pour effectuer le collage ;

4° La coloration au moyen du caramel ou d'extraits obtenus par torréfaction des céréales et substances dont l'emploi est autorisé, dans la fabrication de la bière, par l'article premier du présent décret ;

5° Le traitement par l'anhydride sulfureux pur provenant de la combustion du soufre et par les bisulfites purs, à la double condition que la bière ne retienne pas plus de 50 milligrammes d'anhydride sulfureux, libre ou combiné, par litre, et que l'emploi des bisulfites soit limité à 5 grammes par hectolitre.

Art. 4. — Est interdite l'addition à la bière de tous antiseptiques autres que l'anhydride sulfureux, les bisulfites et ceux qui pourront être ultérieurement autorisés dans les formes prévues au paragraphe 1er de l'article 3 ci-dessus.

Art. 5. — Il est interdit de détenir en vue de la vente, de mettre en vente ou de vendre des produits désignés sous une appellation ou dans des termes de nature à faire croire que les boissons préparées à l'aide de ces produits peuvent être légalement mélangées à la bière, ou même vendues séparément comme bière.

Art. 6. — Les produits présentés au public comme pouvant servir soit à la fabrication des moûts, soit aux manipulations et pratiques autorisées par l'article 3 du présent décret, doivent être désignés sous une appellation faisant connaître expressément la nature et la composition de ces produits.

Art. 7. — Dans les établissements où s'exerce le commerce de détail des bières, il doit être apposé d'une manière apparente, sur les récipients, emballages, casiers ou fûts, une inscription indiquant la dénomination sous laquelle la bière est mise en vente.

Cette inscription n'est pas obligatoire pour les bouteilles ou récipients dans lesquels la bière est emportée séance tenante par l'acheteur ou servie par le vendeur pour être consommée sur place.

Les inscriptions doivent être rédigées sans abréviation et disposées de façon à ne pas dissimuler la dénomination du produit.

Art. 8. — L'emploi de toute indication ou signe susceptible de créer dans l'esprit de l'acheteur une confusion sur la nature ou sur le lieu de fabrication de la bière, lorsque, d'après la convention ou les usages, la désignation de ce lieu de fabrication devra être considérée comme la cause principale de la vente, est interdit en toutes circonstances et sous quelque forme que ce soit, notamment :

1° Sur les récipients et emballages ;

2° Sur les étiquettes, capsules, bouchons, cachets ou tout autre appareil de fermeture ;

3° Dans les papiers de commerce, factures, catalogues, prospectus, prix-courants, enseignes, affiches, tableaux-réclames, annonces ou tout autre moyen de publicité.

. . . .

Pour la coloration, la conservation et l'emballage. (Voir le décret, l'arrêté du 28 juin 1912, pages 71 et 73 et la circulaire du 3 août 1912, page 82).

CHARCUTERIE

Dans l'arrêté du 1ᵉʳ août 1906, les produits de la charcuterie n'avaient pas été l'objet d'une attention particulière. Les prélèvements de saucisses, cervelas, saucissons, andouilles, andouillettes, pâtés de foie, galantines, rillettes, fromages de cochon, jambon, salaison, lard frais ou salé étaient soumis à la loi commune. Il était prescrit de prélever 4 échantillons et de prendre toutes les précautions pour que ces échantillons soient semblables.

Mais de graves accidents étant survenus du fait que des produits de charcuterie avaient été préparés avec des viandes avariées, il a paru utile, dans le but de réprimer des fraudes aussi redoutables, de prendre des mesures spéciales en ce qui concerne le prélèvement de ces produits.

Il a été décidé que les échantillons devraient arriver au laboratoire chargé de l'analyse administrative, aussi rapidement que possible et dans des conditions telles qu'ils ne puissent subir la moindre altération en cours de route.

D'autre part, il faut que les échantillons réservés pour l'analyse contradictoire éventuelle soient, eux aussi conservés sans altération, jusqu'au moment où ils seront remis aux experts désignés par les parquets, le cas échant.

Dans ce but, par sa circulaire en date du 30 novembre 1909, M. le Ministre de l'Agriculture a prescrit les dispositions suivantes :

Le service administratif vous fera parvenir, à des époques qu'il fixera, en vue d'établir un roulement, ou sur votre demande, lorsque des prélèvements sur les produits de la charcuterie vous paraîtront utiles, une caisse glacière spéciale contenant de la sciure de bois et les sachets de papier paraffiné destinés à envelopper les échantillons.

Conformément à l'arrêté du 1er août 1906, la quantité de matières à prélever par échantillon est d'environ 150 grammes et toutes précautions doivent être prises pour que les quatre échantillons soient semblables.

Chacun d'eux sera placé dans un sachet de papier paraffiné, lequel sera scellé comme d'habitude, après quoi, le volant de l'étiquette sera détaché. Les quatre échantillons, munis seulement du talon de l'étiquette, seront ensuite réunis et enveloppés dans une feuille de papier paraffiné, formant un paquet qui sera placé dans la caisse glacière. Préalablement, cette caisse aura été remplie d'un mélange de sciure et de glace. On devra se procurer sur place cette dernière. La glace sera concassée en fragments ayant au plus la grosseur d'une noisette, dans la proportion de 1 volume de glace pour 3 volumes de sciure, c'est-à-dire sensiblement à poids égaux de l'un et de l'autre : le mélage (sciure et glace) devra occuper au moins la moitié du volume de la caisse.

Les paquets d'échantillons seront disposés au sein de ce mélange réfrigérant, isolés les uns des autres et la caisse remplie jusqu'au tassement.

Le couvercle sera, alors, scellé et la caisse glacière envoyée sans délai, par la voie la plus rapide, au moyen des bons habituels de transport à

M. le Ministre de la Guerre,
Laboratoire des conserves de l'armée,
boulevard des Invalides, n° 8, PARIS.

D'autre part, le procès-verbal auquel seront joints les quatre volants des étiquettes sera adressé à la Préfecture.

Cas particuliers. — Pendant la période froide, lorsque la température ne dépasse pas 8° dans le milieu de la journée, l'addition de glace à la sciure est inutile, mais à la condition que la caisse contenant la sciure ait été exposée ouverte, avant son emploi pendant quelque temps, dans un endroit froid.

Dans les localités où il serait impossible de se procurer de la glace, les prélèvements de produits de charcuterie ne seront par suite possibles que pendant la période froide.

C'est, en conséquence, pendant cette période seulement, que l'on devra effectuer les prélèvements de charcuterie dans ces localités.

Nous donnons, ci-après, la partie du décret du 15 avril 1912 qui règlemente les produits de la charcuterie concernant les viandes qui peuvent être utilisées dans les diverses préparations, les dénominations à donner aux produits et les matières amylacées qu'ils peuvent contenir :

TITRE II

DISPOSITIONS SPÉCIALES AUX VIANDES PRODUITS DE LA CHARCUTERIE, FRUITS LÉGUMES, POISSONS ET CONSERVES ALIMENTAIRES.

Art. 7. — Des arrêtés pris pour assurer l'exécution de l'article 3, paragraphe 2, de la loi du 1er août 1905, par le Ministre de l'Agriculture, après avis du Conseil Supérieur d'Hygiène publique de France, de l'Académie de Médecine et du Comité consultatif des épizooties, déterminent :

1° Les cas où les viandes, abats et issues provenant d'animaux comestibles sont toxiques et, par suite, totalement ou partiellement impropres à la consommation ;

2° Les caractères auxquels on reconnaît que les viandes, abats ou issues provenant de ces animaux sont corrompus.

Des arrêtés pris dans les mêmes formes fixent les cas où, sans être toxiques ou corrompus, les viandes, abats ou issues sont impropres à la consommation.

Art. 8. — Il est interdit, en vertu des articles 1 et 3 de la loi du 1er août 1905, de détenir en vue de la vente, de mettre en vente ou de vendre :

1° Sous les dénominations « andouilles », « andouillettes », « boudin », « galantine », « fromage de tête », « hure », des préparations composées d'autres éléments que les viandes, abats et issues de porc, additionnés ou non de viandes, abats ou issues de bœuf, de veau ou de mouton, ainsi que de lait, d'œufs, d'épices, d'aromates et d'oignons ;

2° Sous les dénominations « chair à saucisses », « farces », « saucisses », « saucissons », « cervelas », des préparations composées d'autres éléments que la viande et la graisse de porc, à l'exclusion de tous abats et issues, additionnés ou non de viande de bœuf, de veau ou de mouton, ainsi que d'épices et d'aromates.

La même interdiction s'applique aux préparations désignées aux alinéas 1° et 2° ci-dessus, lorsque la quantité d'eau qu'elles contiennent au moment de la mise en vente dépasse pour 100 grammes de produit supposé dégraissé :

1° 75 grammes pour les saucisses, saucissons, cervelas, andouilles, andouillettes et boudins ;

2° 85 grammes pour les produits fumés ;

3° Pour les produits vendus à l'état cru, la quantité contenue normalement dans chacun des éléments constituant le mélange.

Art. 9. — Il est interdit de détenir en vue de la vente, de mettre en vente ou de vendre :

1° Sous la dénomination « foie gras » tout autre produit que des foies d'oie ou de canard ;

2° Sous les dénominations « terrine de foie gras », « pâté de foie gras », et toutes autres comprenant les mots « foie gras », des préparations contenant soit des foies autres que ceux d'oie ou de canard, soit d'autres produits, en proportion supérieure à 25 p. 100 du poids total de la préparation ;

3° Sous la dénomination « pâté de foie » une préparation composée d'autres éléments que le foie de porc, de veau ou de mouton, la graisse de porc et la chair à saucisses.

Art. 10. — Il est interdit de détenir en vue de la vente, de mettre en vente ou de vendre sous les dénominations fixées à l'article 8 ci-dessus, ainsi que sous les dénominations « terrine et pâté », des préparations contenant des viandes, abats ou issues de tout autre animal que le porc, le bœuf, le veau ou le mouton, à moins que la dénomination du produit ne soit accompagnée d'une mention faisant connaître le nom de l'animal ayant servi auxdites préparations.

Art. 11. — Il est interdit d'introduire dans les produits désignés aux articles 8, 9 et 10 ci-dessus des matières amylacées, sans que la dénomination du produit soit suivie d'une mention faisant connaître cette addition à l'acheteur. Cette mention doit, en outre, faire connaître la proportion d'amidon incorporée au produit par suite de cette addition, lorsqu'elle dépasse 10 p. 100 du poids du produit.

Toutefois, cette mention n'est pas obligatoire en ce qui concerne les terrines, pâtés et galantines, le boudin blanc, le pâté de foie et les préparations contenant du foie pilé d'oie ou de canard, mais à la condition que la proportion d'amidon résultant de l'addition de matières amylacées ne dépasse pas 5 p. 100 du poids du produit.

Art. 12. — *Dans les établissements où s'exerce le commerce des marchandises dont la dénomination comporte les mentions prévues aux articles 10 et 11 du présent décret, les produits mis en vente ou les récipients qui les contiennent doivent porter une inscription indiquant, en caractères apparents, la dénomination, accompagnée desdites mentions, sous laquelle ces produits sont mis en vente.*

Ces mentions doivent être rédigées *sans abrévia-*

tions qui soient de nature à tromper l'acheteur sur leur signification et en caractères de dimensions au moins égales à la moitié des dimensions des caractères les plus grands figurant dans l'inscription et de même apparence typographique.

Cette partie du décret est commentée ainsi qu'il suit par la circulaire ministérielle en date du 3 août 1912 :

1° *Dispositions spéciales aux viandes, abats et issues*

Des arrêtés indiqueront ultérieurement les conditions de salubrité que doivent présenter les viandes, abats ou issues, pour pouvoir être livrés à la consommation.

Déjà, la loi sur le Code rural a réglementé la mise en consommation des viandes, abats ou issues provenant d'animaux atteints de maladies contagieuses, et le décret actuel ne change rien à cet état de choses. D'autre part, malgré l'absence des arrêtés dont il s'agit, la loi du 1er août 1905 n'en reste pas moins applicable. Par conséquent, la mise en vente de viandes, abats ou issues manifestement corrompus reste un délit prévu et puni par l'article 3 de ladite loi, ainsi que leur détention sans motifs légitimes (art. 4 de la même loi).

Il importe de rappeler que la conservation des viandes, abats ou issues au moyen des antiseptiques est une des interdictions prononcées par les dispositions générales du titre Ier du décret et qu'elle s'applique, non seulement aux viandes de boucherie, mais aux volailles, poissons, mollusques et crustacés également.

2° *Produits de la charcuterie*

Les définitions données par les articles 8, 9, 10, 11 et 12, sont suffisamment claires pour qu'il soit inutile de les commenter.

Comme précédemment, il doit être entendu que la loi du 1ᵉʳ août 1905, qui interdit la mise en vente et la détention sans motifs légitimes de produits falsifiés, corrompus ou nuisibles à la santé, est toujours applicable et que l'absence des arrêtés prévus à l'art. 7, n'autorise nullement les charcutiers à faire intervenir dans la préparation des produits de leur fabrication des viandes, abats ou issues en état de corruption ou provenant d'animaux malades, non plus que des déchets sans valeur alimentaire, tels que couennes ou tendons, si ce n'est pour en obtenir de la gélatine, ou encore des organes tels que les matrices qui, fréquemment, sont le siège de localisations purulentes cachées.

Je vous signale que le mot « bœuf » est employé aux art. 8, 9, 10, 11, 12 du décret pour désigner indifféremment le bœuf, la vache ou le taureau, et que le foie de ces animaux me paraît pouvoir intervenir dans la fabrication du « pâté de foie » visé à l'article 9, concurremment avec le foie de porc, de veau ou de mouton.

La dénomination « foie gras » ne pouvant être employée que pour désigner le foie gras d'oie ou de canard, le deuxième paragraphe de l'article 9 précise que les terrines et pâtés de foie gras doivent contenir au moins 75 p. 100 desdits foies. J'estime qu'il faut entendre par là que le consommateur ne doit pas trouver dans la préparation moins de trois parties de foie gras pour une partie de viande autre que le foie gras, la graisse, lard, saindoux, graisse d'oie, etc...), employée soit pour confectionner la farce, soit pour couvrir la préparation, n'entrant pas en ligne de compte.

Je vous signale que ces règles de composition sont expressément applicables à toutes les préparations dont la dénomination comporte le mot « foie gras », telles que « crème ou purée de foie gras ou au foie gras », et, par conséquent, aux terrines et pâtés au foie gras.

Toutefois, les crèmes et purées peuvent renfermer jusqu'à 5 p. 100 de matières amylacées (calculé en amidon) sans qu'aucune mention révèle cette addition à l'acheteur, ainsi que le permet le deuxième alinéa de l'article 11 du décret pour les préparations contenant du foie pilé d'oie ou de canard, mais non des foies entiers ou simplement découpés.

Quant à la question de savoir si les préparations dénommées « purée de foies aux truffes », « crème de foies aux truffes », par exemple, doivent être considérées comme visées par la règle précédente, c'est-à-dire considérées comme des pâtés de foie gras,. j'estime que ce sont là des questions d'espèces et qu'il y a lieu de répondre affirmativement chaque fois que l'ensemble des inscriptions, *signes ou dessins portés sur l'étiquette* est de nature à faire supposer à l'acheteur que le produit mis en vente est préparé avec des foies gras.

Trois pratiques répandues ont été spécialement visées dans les articles qui concernent les produits de la charcuterie.

La première est l'incorporation d'une quantité d'eau excessive ; aussi, l'article 8 du décret a-t-il limité le taux d'humidité maximum qu'ils doivent présenter.

La seconde est l'addition en excès de matières amylacées (fécule, amidon, gruaux, semoules, farines), laquelle se prête notamment à l'incorporation de l'eau. Cependant, comme ces matières amylacées interviennent normalement dans la fabrication des terrines, pâtés et galantines, boudins blancs, pâtés de foie et préparations contenant du foie pilé d'oie ou de canard, l'article 11 permet leur introduction, mais à la condition que la proportion ne dépasse pas 5 grammes (calculée en amidon) p. 100 de produit, soit un peu plus de 6 grammes de farine, cette dernière ne contenant, en fait, que les quatre cinquièmes environ de son poids d'amidon.

Quant aux autres produits, le règlement n'interdit pas d'y introduire des matières amylacées, mais il oblige le vendeur à faire connaître cette addition à l'acheteur par une mention appropriée, telle que « féculé », suivie de l'indication de la proportion lorsque celle-ci dépasse 10 p. 100.

La troisième pratique est celle qui consiste à employer, à l'insu de l'acheteur, des viandes, abats ou issues d'animaux tels que le cheval, le mulet, l'âne, la chèvre, etc... Comme précédemment, le règlement ne s'oppose nullement à cette introduction, *mais il oblige le vendeur à prévenir l'acheteur par une mention appropriée* qui ne doit pas prêter à confusion et dont le choix lui est laissé.

De plus, afin d'éviter toute tromperie, en ce qui concerne les produits féculés ou ceux dans lesquels il entre des viandes, issues ou abats de cheval, d'âne ou de mulet, par exemple, l'article 12 du décret précise que lesdits produits ne peuvent être mis en vente *sans une étiquette portant leur dénomination de vente accompagnée de la mention prévue, qui doit être inscrite en caractères apparents.* Il s'ensuit que, à l'exception des deux catégories de produits dont il vient d'être parlé, aucune étiquette n'est obligatoire pour les autres produits de la charcuterie (*le saindoux et les graisses alimentaires exceptés*) qui doivent être munis d'une étiquette.

Un délai qui expire le 1er janvier 1914 est accordé pour permettre l'écoulement des conserves en boîtes qui, fabriquées avant la publication du décret, ne portent pas les mentions prévues aux articles 10 et 11 du règlement ou portent des dénominations qui contreviennent aux dispositions du règlement.

Explications complémentaires

Quoique dans la circulaire précédente du 3 août 1912 M. le Ministre ait dit que les définitions données dans le décret par les articles 8, 9, 10, 11, 12 soient suffisamment claires pour qu'il soit inutile de les commenter, il a jugé nécessaire de donner d'autres explications dans une nouvelle circulaire datée du 1ᵉʳ novembre 1912, sur l'article 9, notamment, pour ce qui est relatif aux préparations de foie gras et à l'emploi de la viande de cheval :

« L'article 9 du décret du 15 avril 1912 a pour objet, dit-il, de réglementer la vente des préparations de foie gras, préparations que le consommateur est en droit de considérer comme exclusivement composées de foie gras, mais dans lesquelles il est cependant admis que l'on peut introduire une petite quantité de farce.

« Les dénominations « crème ou purée au foie gras ou de foie gras » désignent des produits dont la composition doit être la même que celle des terrines et des pâtés de foie gras, du moins quant à leur teneur en foie gras, puisque ces dénominations comprennent les mots « foie gras ».

« Il en est de même des dénominations : « pâté de porc au foie gras », « pâté de perdreau au foie gras », « pâté de... au foie gras », « pâté de foie gras au perdreau ».

« Mais une exception peut être faite en faveur des préparations dans lesquelles le foie gras n'intervient qu'accessoirement, comme dans un « perdreau au foie gras » à la condition toutefois qu'il ne s'agisse pas d'un pâté, mais d'un perdreau entier (désossé ou non) farci de foie gras, car ainsi, le consommateur serait à même de se rendre compte de la proportion de foie gras existant dans la préparation, ce qui lui serait impossible s'il s'agissait d'un pâté, c'est-à-dire de la viande hâchée.

Charcuterie de cheval

« La dénomination de vente des préparations contenant du cheval doit être accompagnée du mot « *cheval* » et non de mentions telles que « *hippique* », « *hipp* » qui peuvent prêter à confusion.

« L'article 10 du décret du 15 avril 1912 est d'ailleurs formel à cet égard et l'obligation qu'il crée vise aussi bien la rédaction des factures que celles des étiquettes destinées à renseigner l'acheteur, de gros ou de détail, sur la nature des produits mis en vente.

« Il en est de même en ce qui concerne les préparations contenant de *l'âne ou du mulet dont la dénomination* de vente doit être accompagnée de l'un des mots « *âne* » ou « *mulet* ».

Pour la coloration, conservation et emballage, voir le décret et l'arrêté du 28 juin 1912, pages 71 et 73 et la circulaire du 3 août 1912, page 82.

CIDRES ET POIRÉS

Extrait du Décret du 28 Juillet 1908

*portant règlement d'administration publique
en ce qui concerne les cidres et poirés*

Le Président de la République française,
Sur le rapport des Ministres de la Justice, des Finances, de l'Agriculture, du Commerce et de l'Industrie,

. . . .

Décrète :

Article premier. — Aucune boisson ne peut être détenue ou transportée en vue de la vente, mise en vente ou vendue : 1° sous le nom de « cidre», si elle ne provient exclusivement de la fermentation du jus de pommes fraîches ou d'un mélange de pommes et de poires fraîches, extrait avec ou sans addition d'eau potable ; 2° sous le nom de « poiré » si elle ne provient exclusivement de la fermentation du jus de poires fraîches, extrait avec ou sans addition d'eau potable.

Art. 2. — La dénomination de « cidre pur jus » ou « poiré pur jus » est réservée au cidre ou au poiré obtenu sans addition d'eau.

La dénomination de « cidre » ou « poiré » est réservée au cidre ou poiré contenant au moins :

3 degrés 5 d'alcool acquis ou en puissance ;

12 grammes d'extrait sec à 100 degrés (sucre déduit) par litre ;

1 gramme 2 de matières minérales (cendres) par litre.

Tout cidre ou poiré présentant dans sa composition des quantités d'alcool, d'extrait ou de matières minérales inférieures à l'une quelconque des limites fixées par le présent règlement, doit être dénommé « petit cidre » ou « petit poiré ».

Art. 3. — Sont considérées comme frauduleuses les manipulations et pratiques qui ont pour objet de modifier la composition du cidre et du poiré définis à l'article ci-dessus, dans le but soit de tromper l'acheteur sur les qualités substantielles ou l'origine du produit, soit d'en dissimuler l'altération.

En conséquence, rentre dans le cas prévu par l'article 3, paragraphe 4, de la loi du 1er août 1905, le fait d'exposer, de mettre en vente ou de vendre, sous forme indiquant leur destination ou leur emploi, tous produits, de composition secrète ou non, propres à effectuer les manipulations ou pratiques ci-dessus visées.

Il en est de même du fait d'exposer, de mettre en vente ou de vendre des produits désignés sous une appellation ou dans des termes de nature à faire croire que les boissons fabriquées avec ces produits peuvent être légalement mélangées aux cidres et poirés, ou même vendues séparément comme cidre ou poiré.

Art. 4. — Ne constituent pas des manipulations ou pratiques frauduleuses, aux termes de la loi du 1er août 1905, les opérations ci-après énumérées qui ont uniquement pour objet la préparation régulière ou la conservation des cidres et poirés :

1° En ce qui concerne les cidres et les poirés :
Le coupage des cidres entre eux ;
Le coupage des poirés entre eux ;
Le coupage des cidres avec des poirés ;
L'emploi du sucre (saccharose) en vue de l'édulcoration des cidres et poirés ou de la préparation des cidres et poirés. mousseux ;
Les collages au moyen de clarifiants tels que l'albumine pure, la caséine pure, la gélatine pure ou la

colle de poisson, ou tout autre produit dont l'usage pourra être déclaré licite par arrêté pris de concert par les Ministres de l'Intérieur et de l'Agriculture, sur l'avis du Conseil supérieur d'hygiène publique et de l'Académie de médecine ;

L'addition de tannin ;

La pasteurisation ;

Le traitement par l'anhydride sulfureux pur provenant de la combustion du soufre et par les bisulfites alcalins cristallisés purs, à la double condition que le cidre ou poiré ne retienne pas plus de 100 milligrammes d'anhydride sulfureux, libre ou combiné, par litre, et que l'emploi des bisulfites alcalins soit limité à 10 grammes par hectolitre ;

L'addition d'acide tartrique ou d'acide citrique à la dose maximum de 500 milligrammes par litre ;

La coloration à l'aide de la cochenille, du caramel, d'infusion de chicorée, ou de toute autre substance colorante dont l'emploi pourra être déclaré licite dans les formes fixées au paragraphe 6 du présent article ;

2° En ce qui concerne les moûts :

L'addition de sucre (saccharose) ;

L'addition de tannin, de phosphate d'ammoniaque cristallisé pur et de phosphate de chaux pur ;

Le traitement par l'anhydride sulfureux et les bisulfites alcalins, dans les conditions fixées ci-dessus pour les cidres et poirés ;

L'emploi des levures sélectionnées.

Art. 5. — Aucun cidre ou poiré ne peut être détenu ou transporté en vue de la vente, mis en vente ou vendu sous la seule dénomination de « cidre mousseux » ou « poiré mousseux », que si son effervescence résulte d'une prolongation de la fermentation alcoolique.

Lorsque l'effervescence d'un cidre ou d'un poiré est produite, même partiellement, par l'addition d'acide carbonique, il n'est pas interdit d'employer dans sa dénomination le mot « mousseux », mais à la condition qu'il soit accompagné du terme « fantaisie » ou d'un qualificatif différenciant ce cidre ou poiré de ceux prévus à l'alinéa précédent, de telle façon qu'aucune confusion ne soit possible dans l'esprit de l'acheteur sur le mode de fabrication employé, la nature ou l'origine du produit.

Dans les inscriptions et marques figurant sur les récipients, le mot « mousseux » et le qualificatif qui l'accompagne ou le terme « fantaisie » doivent être imprimés en caractères identiques.

Art. 6. — Dans les établissements où s'exerce le commerce de détail des cidres et poirés, *il doit être apposé, d'une manière apparente, sur les récipients, emballages, casiers ou fûts, une inscription indiquant la dénomination sous laquelle le cidre ou le poiré est mis en vente.*

Cette inscription n'est pas obligatoire pour les bouteilles ou récipients dans lesquels le cidre ou le poiré est emporté, séance tenante, par l'acheteur, ou servi par le vendeur pour être consommé sur place.

Les inscriptions doivent être rédigées *sans abréviation* et disposées de façon à ne pas dissimuler la dénomination du produit.

Art. 7. — L'emploi de toute indication ou signe susceptible de créer dans l'esprit de l'acheteur une confusion sur la nature ou sur l'origine des cidres et poirés, lorsque, d'après la convention ou les usages, la désignation de l'origine attribuée à ces boissons devra être considérée comme la cause principale de la vente est interdit, en toute circonstance et sous quelque forme que ce soit, notamment :

1° Sur les récipients et emballages ;

2° Sur les étiquettes, capsules, bouchons, cachets ou tous autres appareils de fermeture ;

3° Dans les papiers de commerce, factures, cata-

logues, prospectus, prix courants, enseignes, affiches, tableaux-réclames, annonces ou tout autre
moyen de publicité.

. . . .
. . . .

Pour la coloration, la conservation et l'emballage
voir le décret, l'arrêté du 28 juin 1912, pages 71
et 73 et la circulaire du 3 août 1912, page 82.

Décret du 15 Avril 1912

Coloration, conservation, emballage, inscriptions

Inscriptions et marques indiquant soit la composition, soit l'origine des marchandises, soit les appellations régionales et de crus particuliers que les acheteurs pourront exiger sur les factures, sur les emballages ou sur les produits eux-mêmes, à titre de garantie de la part des vendeurs, ainsi que les indications extérieures ou apparentes nécessaires pour assurer la loyauté de la vente et de la mise en vente ; la définition et la dénomination des boissons, denrées et produits conformément aux usages commerciaux ; les traitements licites dont ils pourront être l'objet en vue de leur bonne fabrication ou de leur conservation ; les caractères qui les rendent impropres à la consommation.

Le Président de la République française,
Le Conseil d'Etat entendu,
    Décrète :

TITRE PREMIER

DISPOSITIONS GÉNÉRALES

Article premier. — Il est interdit de détenir en vue de la vente, de mettre en vente ou de vendre toutes marchandises et denrées destinées à l'alimentation lorsqu'elles ont été additionnées, soit pour leur conservation, soit pour leur coloration, de produits chimiques ou de matières colorantes autres que ceux dont l'emploi est déclaré licite par des arrêtés pris de concert par les Ministres de l'Intérieur, de l'Agriculture et du Commerce et de l'Industrie, sur l'avis du Conseil supérieur d'Hygiène publique de France et de l'Académie de Médecine.

Art. 2. — Il est interdit d'employer de l'étain ne

présentant pas les conditions de pureté fixées par arrêtés pris dans les formes prévues à l'article premier ci-dessus :

1° Pour les enveloppes, emballages et récipients en contact direct avec les produits désignés à l'article précédent ;

2° Pour l'étamage et la soudure des boîtes métalliques de conserves.

Il est également interdit d'employer pour le sertissage des boîtes de conserves et le capsulage des récipients ou de mettre en contact direct avec toutes marchandises et denrées destinées à l'alimentation des métaux ou matières autres que ceux dont l'emploi est déclaré licite par arrêtés pris dans les formes prévues à l'article premier ci-dessus.

Art. 3. — Il est interdit :

1° D'employer pour la peinture extérieure des boîtes de conserves, des couleurs ou vernis contenant des éléments toxiques et susceptibles de se détacher par éclats au moment de l'ouverture desdites boîtes ;

2° D'employer pour le vernissage intérieur des boîtes de conserves des vernis contenant des éléments toxiques, à l'exception des vernis qui ne sont pas attaquables à froid par l'acide nitrique concentré.

Art. 4. — Il est interdit d'employer pour la préparation ou la conservation des produits destinés à l'alimentation des récipients revêtus intérieurement d'un émail à base de plomb incomplètement vitrifié.

Art. 5. — Dans les établissements où s'exerce le commerce des marchandises et denrées destinées à l'alimentation, les emballages et récipients dans lesquels la marchandise vendue au poids est livrée à l'acheteur, doivent porter une inscription indiquant en caractères aparents, soit le poids net, soit le poids brut et la tare d'usage.

Art. 6. — L'emploi de toute indication ou de tout

signe susceptible de créer dans l'esprit de l'acheteur une confusion sur le poids, sur le volume, sur la nature ou sur l'origine des produits désignés au présent décret, lorsque, d'après la convention ou les usages, la désignation de l'origine attribuée à ces produits, doit être considérée comme la cause principale de la vente, est interdit en toutes circonstances et sous quelque forme que ce soit, notamment :

1° Sur les récipients et emballages ;

2° Sur les étiquettes, capsules, bouchons, cachets ou tout autre appareil de fermeture ;

3° Dans les papiers de commerce, factures, catalogues, prospectus, prix-courants, enseignes, affiches, tableaux-réclames, annonces ou tout autre moyen de publicité.

Arrêté du 28 Juin 1912

Le Ministre de l'Agriculture, le Ministre de l'Intérieur et le Ministre du Commerce et de l'Industrie,

Arrêtent :

Article premier. — Il est interdit, dans tous les cas non spécialement prévus par les règlements pris en vertu de l'article 11 de la loi du 1ᵉʳ août 1905, d'additionner les boissons et denrées servant à l'alimentation d'autres produits chimiques que le sel ordinaire.

A titre exceptionnel, il est permis :

1° D'additionner les viandes et préparations de viandes, en vue de permettre leur conservation, de sel mélangé de 10 p. 100 au maximum de nitrate de potasse commercialement pur ou de sel mélangé de bicarbonate de soude commercialement pur ;

2° D'employer l'acide sulfureux, pour la conservation des denrées à l'état sec, mais à la condition que celles-ci ne contiennent pas plus de 100 milligrammes d'anhydride sulfureux pour 100 grammes au moment de leur mise en vente ;

3° D'employer à la dose strictement indispensable l'acide sulfureux et les bisulfites alcalins purs, pour la décoloration partielle des fruits et pour le blanchiment des champignons destinés à être conservés par stérilisation à chaud dans un liquide.

Art. 2. — Il est interdit de placer toutes boissons et denrées destinées à l'alimentation au contact direct du cuivre, du zinc ou du fer galvanisé, exception faite pour les opérations de fabrication ou de conservation des produits de la chocolaterie et de la confiserie ne renfermant pas de substances acides liquides et pour les opérations de la distillerie.

Art. 3. — Il est interdit de placer toutes boissons et denrées servant à l'alimentation au contact direct de récipients, ustensiles, appareils constitués en tout ou partie par un alliage contenant plus de 10 p. 100 de plomb ou plus de 1/10000ᵉ d'arsenic.

Art. 4. — Il est interdit de placer toutes boissons ou denrées servant à l'alimentation au contact direct de récipients, ustensiles, appareils étamés ou soudés avec de l'étain contenant plus de 0,5 p. 100 de plomb ou plus de 1/10000ᵉ d'arsenic ou moins de 97 p. 100 d'étain dosé à l'état d'acide métastannique.

Toutefois, est autorisé, pour la soudure faite à l'extérieur des récipients, l'emploi d'alliages d'étain et de plomb, mais à la condition que la pénétration de l'alliage plombifère à l'intérieur desdits récipients, sous forme de bavures, ne soit qu'accidentelle et ne résulte pas du mode même de fabrication.

Il est interdit de placer toutes boissons ou denrées servant à l'alimentation au contact direct de feuilles d'étain ne présentant pas les conditions de pureté énumérées au premier paragraphe du présent article.

Art. 5. — Il est interdit d'employer pour le capsulage des récipients contenant des matières destinées à l'alimentation, dans la composition desquelles entre du vinaigre, des alliages contenant plus de 10 p. 100 de plomb ou plus d'un dix millième d'arsenic, à moins que la capsule métallique ne soit complètement isolée du col du récipient et du bouchon, au moyen d'une feuille d'étain fin ayant une épaisseur d'au moins un demi-dixième de millimètre, ou d'une feuille d'aluminium, ou d'une feuille constituée par une matière imperméable et inattaquable à froid par l'acide acétique à 6 p. 100.

Est considéré comme étain fin, l'étain présentant les conditions de pureté fixées par l'article 4 précédent pour être propre à l'étamage.

Un délai d'un an, à dater de la publication du présent arrêté, est accordé aux intéressés pour se conformer aux prescriptions du présent article.

Art. 6. — Il est interdit de placer toutes boissons et denrées servant à l'alimentation, au contact direct de récipients, ustensiles et appareils métalliques comportant des joints ou bouchons formés d'une substance plombifère, ou recouverts intérieurement d'un vernis contenant des métaux toxiques et attaquables à froid par l'acide nitrique concentré.

Art. 7. — Il est interdit de placer toutes denrées destinées à l'alimentation, au contact direct de papiers maculés ou de papiers de tentures dits « papiers peints ».

Il est interdit de placer toutes denrées destinées à l'alimentation, au contact direct ou indirect de papiers peints ou moirés au moyen de sels de plomb ou d'arsenic.

Il est également interdit de placer, au contact direct de papiers manuscrits ou imprimés en noir ou en couleur, les denrées destinées à l'alimentation autres que les racines, tubercules, bulbes, fruits à enveloppe sèche, légumes secs et légumes à feuilles.

Il est en outre interdit de placer d'autres papiers que du papier de pliage neuf, soit blanc, soit paille, soit coloré au moyen de l'une des substances dont l'emploi est autorisé à l'article 8 du présent arrêté, au contact du pain et des denrées alimentaires humides ou grasses, susceptibles d'adhérer auxdits papiers, telles que viandes, volailles, poissons, préparation de viande, beurres, graisses alimentaires, légumes et fruits frais, produits de la confiserie et de la pâtisserie.

Ne sont pas considérés comme « papiers imprimés », les papiers de pliage neufs portant, sur l'une des faces, les nom, adresse et toutes indications commerciales intéressant le vendeur. :

Art. 8. — La coloration artificielle des boissons et denrées servant à l'alimentation, énumérées au tableau ci-après, est permise, dans les conditions fixées par les règlements pris en vertu de l'article 11 de la loi du 1ᵉʳ août 1905, au moyen des matières colorantes indiquées audit tableau, à l'exclusion de toutes autres :

Eaux-de-vie naturelles. (Eaux-de-vie de vin, de cidre, de poiré, rhum, tafia.)	Caramel.
Bières.	Caramel et extraits obtenus par torréfaction des matières dont l'emploi est autorisé, dans la fabrication de la bière, par l'article 1ᵉʳ du décret du 28 juillet 1908.
Hydromels..	Cochenille. Orseille.

Cidres. — Poirés. — Vinaigres. — Boissons autres que le vin, le cidre, le poiré, la bière et l'hydromel. *— Eaux-de-vie* autres que les eaux-de-vie naturelles. *— Sirops, limonades. — Confitures, gelées, marmelades. — Miel artificiel.— Beurres, huiles. — Graisses* autres que les margarines. — *Produits de la charcuterie. — Légumes* destinés à être conservés dans un liquide soit entiers, soit à l'état de pulpe.	Cochenille et matières colorantes végétales, à l'exception de la gomme-gutte et de l'aconit napel.
Fruits naturellement verts destinés à être confits ou à être conservés dans un liquide. — *Légumes* naturellement verts destinés à être conservés dans un liquide.	Matières colorantes végétales, à l'exception de la gomme-gutte et de l'aconit napel. Sulfate de cuivre, en proportion telle que le produit reverdi ne renferme pas plus de 100 milligrammes de cuivre par kilogramme de produit égoutté.
Pâtes alimentaires. — Produits de la pâtisserie fraîche ou sèche.	Matières colorantes végétales, à l'exception de la gomme-gutte et de l'aconit napel. Jaune naphtol S : (dinitro-α, naphtol - monosulfonate de soude) additionné de 5 p. 100 au plus de Ponceau R. R.

Sucre.

Liqueurs. — Pâtes de fruits. — Fruits destinés à être confits ou à être conservés dans un liquide. — *Sucreries* (bonbons, pastillages, décors de pâtisserie). — *Œufs durs.* — *Croûte des fromages.* — *Boyaux, vessies* et autres enveloppes similaires employées pour les produits de la charcuterie.

Outremer. Bleu d'indanthrène (N-dihydro-anthraquinone-azine), mais seulement en vue de l'azurage.

Matières colorantes végétales, à l'exception de la gomme-gutte et de l'aconit napel.

Matières minérales : sulfate de chaux (gypse) ; carbonate de chaux (craie) ; peroxyde de fer (rouge anglais, ocres) ; peroxyde de manganèse (brun de manganèse) ; outremer ; bleu de cobalt (bleu Thénard) ; ferrocyanure ferrique (bleu de Paris, bleu de Prusse) : silicate ferreux et ferrique (terre verte).

Dérivés de la houille :

Colorants roses

1° *Eosine* (tétrabromofluorescéine sodée).

2° *Erythrosine* (tétraiodofluorescéine sodée).

3° *Rose bengale* (tétraiodichlorofluorescéine sodée).

Colorants rouges

4° *Bordeaux B :* α naphtionique-azo-β. naphtoldisulfonate de soude R. (α. naphtalène-azo-2. naphtol-3. 6. disulfonate de sodium).

5° *Ponceau cristallisé :* α. naphtionique-azo-β. naphtoldisulfonate de soude G. α. naphtalène-azo-2. naptol-6. (8. disulfonate de sodium).

6o *Bordeuux S :* naphtionique-azo-β. naphtoloisulfonate de soude. R. (4. sulfonate de sodium-α. naphtalène-azo-2. naphtol-2. 6. disulfonate de sodium).

7o *Nouvelle coccine :* naphtionique-azo-β. naphtoldisulfonate de soude. G. (4. sulfonate de sodium-α. naphtalène-azo-2. naphtol-6. 8. disulfonate de sodium).

8o *Rouge solide :* naphtionique-azo-β. naphtol-monosulfonate de soude. S. (4. sulfonate de sodium-α. naphtalène-azo-2. naphtol-6. monosulfonate de sodium).

9o *Ponceau RR :* xylidme-azo-β. naphtol-disulfonate de soude. R. (xylène-azo-2. naphtol-3. 6. disulfonate de sodium).

10o *Ecarlate R :* sylidine-azo-β. naphtol-monosulfonate de soude. S. (xylène-azo-2. naphtol-6. monosulfonate de sodium).

11o *Fuschine acide* (triparaamido - diphényltolycarbinol - trisulfonate de sodium).

Colorant orangé

12o *Orangé I :* sulfanilique-

azo-α. naphtol (4. sulfonate de
sodium-benzène-azo-1. naphtol).

Colorants jaunes

13° *Jaune naphtol S* : dini-
tro-α. naphtol-monosulfonate
de soude (2. 4. dinitro-1. naph-
tol-7. monosulfonate de sodium).

14° *Chrysoïne* : sulfanilique-
azo-résorcine |sel de soude|
(4. sulfonate de sodium-ben-
zène-azo-résorcine).

15° *Auramine O* (chlorhy-
drate de l'amidotétra-méthyl-
paradiamidodiphényl - métha-
ne).

Colorants verts

16° *Vert malachite* (sulfate
de tétraméthyl-diparaamido-
triphénylcarbinol).

17° *Vert acide J* (diéthyl-
dibenzyl-diparaamido-triphé-
nylcarbinol-trisulfonate de sodium).

Colorants bleus

18° *Bleu à l'eau 6 B* (triphé-
nyl-triparaamido-diphényllo-
lylcarbinol - trisulphonate de
sodium).

19° *Bleu patenté* (tétraéthyl-
diparaamido-métaoxy-triphé-
nylcarbinol-disulfonate de cal-
cium).

Colorants violets

20° *Violet de Paris* (mélange de chlorhydrines du pentaméthyltriparaamido - triphényl - carbinol et de l'hexaméthyl-triparaamido-triphényl-carbinol).

21° *Violet acide 6 B* (diéthyl-paraamido-diéthyl - dibenzyl - diparaamido - triphénylcarbi - nol-disulfonate de sodium).

Art. 9. — Les matières colorantes énumérées au précédent article, doivent être commercialement pures ou mélangées à du sucre, de la dextrine ou du sulfate de soude, et ne renfermer aucune substance toxique.

Elles ne doivent être employées qu'à la dose strictement nécessaire à produire la coloration des boissons et denrées, conformément aux usages constants.

Peuvent être employées au même titre que les matières colorantes végétales visées à l'article précédent, l' « indicotine » et l' « alizarine » synthétiques ainsi que leurs dérivés sulfonés, mais à la condition que ces matières soient commercialement pures et ne renferment aucune substance toxique.

Art. 10. — Les arrêtés des 4 juillet et 19 décembre 1910 sur la coloration des liqueurs et des sirops, des produits de la sucrerie et de la confiserie sont rapportés.

. . . .

Circulaires du 3 Août 1912 et du 1er Novembre 1912

(Extraits)

1° *Dispositions générales*

Les dispositions générales de ces arrêtés s'appliquent à toutes les boissons et denrées destinées à l'alimentation, ainsi qu'aux marchandises quelconques servant à la préparation de ces dernières. Celles-ci se trouvent complétées par l'arrêté du 28 juin 1912, qui, lui, constitue un arrêté général sur l'hygiène alimentaire.

Conservation des boissons et des denrées alimentaires

En principe, il est interdit d'ajouter aucun produit chimique (conservateurs, antiseptiques), aux boissons et denrées almentaires en vue de permettre leur conservation. Celle-ci doit être exclusivement assurée par les moyens physiques (stérilisation, pasteurisation, réfrigération, dessication) ou par le fumage.

Toutefois, l'addition de sel (saumurage, salage) reste naturellement permise et l'article premier de l'arrêté du 28 juin 1912, indique que le sel employé doit être le sel ordinaire, c'est-à-dire le sel de cuisine (sel marin ou sel gris, sel lavé, sel raffiné, sel blanc) auquel il est permis d'ajouter, mais seulement pour les viandes, du bicarbonate de soude commercialement pur ou 10 pour cent de salpêtre commercialement pur (nitrate de potasse).

D'autre part, une exception à la règle d'interdiction est faite en faveur de l'acide sulfureux, qui peut être employé en nature (acide sulfureux liquide pur) ou produit par combustion du soufre (mèches soufrées) ou, enfin, sous la forme de bisulfites commercialement purs, dans les conditions suivantes :

Vins, cidres, hydromels, bières. — (Voir les décrets visant ces boissons).

Fruits destinés à être confits ou conservés en compote. — Peuvent être, dans les mêmes conditions, soumis à l'action de l'acide sulfureux.

Ce traitement a pour but de produire une décoloration partielle préalable des fruits nécessaire, paraît-il, à permettre de leur donner ensuite une belle couleur par recoloration artificielle, au moyen des colorants autorisés par l'article 8 de l'arrêté.

Les solutions de bisulfites peuvent être employées également pour produire la décoloration partielle ; mais, dans ce cas, leur emploi doit être suivi d'un lavage, de façon à ce que le produit mis en vente ne renferme plus traces de bisulfites.

Il en est de même en ce qui concerne les champignons destinés à être mis en conserve dans un liquide, qui, préalablement, peuvent être blanchis, soit à l'acide sulfureux, soit aux bisulfites.

Produits conservés par dessication, tels que fruits secs (abricots, pommes, etc...), poissons desséchés (morue, etc...) : On peut employer, pendant la préparation de ces produits, les fumigations d'acide sulfureux (mais non l'arrosage avec des solutions de bisulfites), en vue d'empêcher, à leur surface, le développement de moisissures. La condition imposée est que le produit mis en vente ne renferme pas, pour 100 grammes, plus de 100 milligrammes d'acide sulfureux total.

Les noix peuvent être blanchies par ce procédé.

Coloration des boissons
et denrées alimentaires

L'article premier du décret vise également la coloration des denrées alimentaires.

Le tableau de l'article 8 de l'arrêté du 28 juin 1912, indique, d'une façon précise, quelles sont les *seules boissons et denrées* dont la coloration artificielle est permise, ainsi que les colorants pouvant être employés dans ce but ; les conditions de pureté que doivent présenter ces derniers, sont indiquées à l'article qui suit le tableau.

L'arrêté du 28 juin précité permet la coloration artificielle des décors de pâtisserie au moyen des dérivés de la houille dont la liste est donnée par ledit arrêté. J'estime qu'il faut entendre par décors de pâtisserie tous les ornements, glaçures, garnitures, constitués essentiellement de sucre et ne renfermant pas de farine. Lorsqu'une préparation sucrée contient de la farine (ou de l'amidon ou de la fécule), elle ne peut être coloréc qu'au moyen du jaune de naphtol S (rehaussé ou non d'une quantité de ponceau RR), dont l'usage est permis à titre exceptionnel, à l'exclusion de tous les autres dérivés de la houille.

Récipients, ustensiles destinés à la préparation ou à la coloration des boissons et denrées alimentaires

De ces trois articles du décret du 15 avril 1912, complétés par les articles 2, 3, 4, 5 et 6 de l'arrêté du 28 juin 1912, il résulte qu'en aucun cas (préparation, conservation, emballage, etc...), les boissons et denrées alimentaires ne doivent être en contact avec des appareils ou ustensiles en zinc, en tôle galvanisée, en cuivre non étamé, ainsi qu'avec des récipients de terre revêtus intérieurement d'un émail à base de plomb incomplètement vitrifié, comme le sont beaucoup de poteries communes.

Toutefois, ces mesures ne s'appliquent pas aux appareils employés en distillerie, ni à l'outillage employé pour le transvasement des boissons, tels que les conduits, rampes, canelles, plongeurs de pompe, filtres dans lesquels, les liquides ne séjournent pas.

C'est ainsi qu'on peut continuer à employer dans cette industrie des alambics non étamés et, pour l'expédition ou la conservation des alcools, eaux distillées, essences, des fûts en tôle galvanisée ou des cuves doublées de zinc mais non de plomb.

De même, on peut employer des appareils ou récipients en cuivre non étamé ou en tôle galvanisée, pour la *fabrication* des produits de la confiserie (sucrerie, confiserie, confiture) et de la chocolaterie. On peut également les employer pour la *conservation* du produit de ces industries, mais seulement lorsque les produits à conserver ne renferment pas de substances acides liquides.

L'arrêté permettant le reverdissage des légumes par le cuivre, il s'ensuit que la cuisson desdits légumes dans des récipients en cuivre rouge est nécessairement permise.

Etamage, soudure, papier d'étain

Quant aux récipients étamés, ils doivent être, sans aucune distinction, étamés à l'étain fin.

De même, les papiers dits « d'étain » dans lesquels il est d'usage d'envelopper certains produits alimentaires (chocolats, nougats, sucre d'orge, saucissons, etc...), doivent être constitués par de l'étain fin.

Il en est encore ainsi des feuilles d'étain dont on garnit le bouchon de certains flacons et bocaux, de façon à empêcher qu'il ne soit au contact direct du contenu, et de l'étain collé à l'intérieur des boîtes destinées à contenir des bonbons ou à conserver le thé.

Ce dernier produit est souvent importé en emballages d'origine, constitués par des feuilles d'étain fortement plombifère. L'emploi de ces enveloppes est interdit, à moins que le thé ne soit rigoureusement isolé par interposition d'une feuille de papier résistant, ou d'aluminium ou d'étain fin. Cependant, il m'a paru nécessaire d'accorder un délai aux importateurs pour se conformer à ces dispositions : ce délai expirera le 1er janvier 1914.

Les soudures des appareils, lorsqu'elles sont intérieures, doivent, de même, être faites à l'étain fin.

Lorsque lesdites soudures sont faites à l'extérieur, il est permis d'employer de la soudure ordinaire (alliage d'étain contenant 2/3 de plomb), mais à la condition que la pénétration de l'alliage à l'intérieur des appareils et récipients, sous forme de bavures, né soit qu'accidentelle et ne résulte pas du mode même de fabrication.

Cette dernière réserve vise notamment les boîtes métalliques de conserve, dans lesquelles la présence de bavures ou de grains de soudure plombifère ne peut être tolérée que si elle résulte manifestement d'un accident de fabrication, impossible à éviter, même pour le soudeur le plus habile, et non du procédé de soudure employé.

De même que les soudures, les joints ou bouchons, quels qu'ils soient, ne doivent pas contenir de plomb.

C'est ainsi que les préparations servant au sertissage des boîtes métalliques de conserve, les rondelles ou bouchons servant à l'obturation des canettes de bière ou des flacons ou bocaux de conserve ne doivent pas contenir de plomb.

Poterie d'étain

Mais ces dispositions ne visent pas les appareils et ustensiles constituant la poterie d'étain : les mesures, brocs, pots, bols, plats, etc... Il y a lieu de considérer que les boissons et denrées alimentaires n'y sont jamais conservées que pendant un temps très court. Aussi, l'arrêté permet-il de continuer à fabriquer ces appareils et ustensiles avec un alliage renfermant du plomb, mais à la condition que la proportion de ce métal soit inférieure à 10 0/0 et que l'alliage ne renferme pas plus de 10 milligrammes d'arsenic pour 100 grammes.

Les têtes de siphon sont considérées comme comprises dans la poterie d'étain. Il en est de même des couvercles de chopes, de brocs, de pots, qui servent à débiter les boissons, ainsi que de la tuyauterie des pompes à bière.

Une disposition spéciale (article 5 de l'arrêté) vise le capsulage des flacons contenant des conserves au vinaigre (cornichons, moutarde, etc...) : on peut employer, à cet objet, de l'étain plombifère, mais à la condition d'isoler la capsule du col du flacon et du bouchon en interposant une matière isolante inattaquable par le vinaigre.

Peinture et vernissage des boîtes de conserves

Enfin l'article 3 du décret contient des dispositions particulières aux boîtes de conserves : il est interdit de les peindre extérieurement, avec des couleurs et vernis contenant des métaux toxiques, appliqués au pinceau ou sous une épaisseur telle qu'ils puissent se détacher par éclats au moment de l'ouverture de la boîte. Cette interdiction ne vise pas les vernis colorés qui sont appliqués par voie d'impression sur les fers-blancs servant à la confection des boîtes. En raison même de leur mode d'application et de leur peu d'épaisseur, il semble, en effet, que les vernis dont il s'agit ne soient pas susceptibles de se détacher en s'écaillant.

L'article 3 permet, d'autre part, le vernissage intérieur des boîtes de conserves, mais à la condition que le vernis employé, s'il contient de petites quantités de plomb par exemple, soit inaltérable.

L'article 6 de l'arrêté étend cette disposition à tous les récipients, ustensiles et appareils destinés à la préparation ou à la conservation des boissons et denrées alimentaires.

On remarquera que les dispositions qui précèdent

ne visent que *l'emploi* et non *la fabrication* ou la vente des ustensiles, récipients et appareils. En l'état de la législation, il est seulement permis d'interdire *l'usage* à la préparation ou à la conservation des boissons et denrées alimentaires de ceux de ces ustensiles, récipients ou appareils dont l'emploi présenterait des dangers pour la santé des consommateurs, mais non la *vente* desdits ustensiles, récipients ou appareils. Il y a donc infraction seulement dans le cas où des boissons ou denrées alimentaires sont trouvées au contact direct d'ustensiles, récipients ou appareils non conformes à l'arrêté et, dans ce cas, il est indispensable que le fait soit constaté d'une manière très précise dans le procès-verbal.

Papiers d'emballage

L'article 7 de l'arrêté réglemente l'emploi des papiers qui servent à l'emballage des denrées alimentaires.

Il interdit, d'une façon absolue et générale, l'usage, même indirect, de papiers moirés ou peints au moyen de sels de plomb ou d'arsenic. C'est ainsi qu'il interdit de placer des dragées, des bonbons, des fruits confits, par exemple, dans des sacs confectionnés avec lesdits papiers et, même, dans des boîtes revêtues extérieurement de ces papiers, notamment de ceux qui sont moirés et dont l'usage, en raison de leur aspect séduisant, s'est répandu malgré les dangers que présente leur emploi.

Le procès-verbal devra expressément constater l'emploi qui est fait du papier suspect, dont quatre échantillons de la dimension d'une carte postale au moins devront être prélevés.

Le même article fait une obligation au vendeur de se servir seulement de papier neuf, soit blanc, soit paille, soit coloré avec une matière colorante inoffensive, pour envelopper le pain et les denrées grasses ou humides susceptibles d'adhérer audit papier, telles que viandes, volailes, poissons, préparations de viande, charcuterie, beurre, graisses, légumes et fruits frais, tels que tomates et fraises, produits de la confiserie et de la pâtisserie. Mais il est entendu que ce papier peut porter, sur l'une des faces, les nom, adresse et toutes indications intéressant le vendeur.

Quant aux papiers manuscrits ou imprimés (feuilles de cahiers, de registres, de livres, journaux, affiches, épreuves d'imprimerie, etc.), ils ne peuvent être employés que pour envelopper des racines, tubercules, bulbes, oignons, etc., fruits à enveloppe sèche (pommes, poires, etc.), légumes secs et légumes à feuilles (poireaux, carottes, etc.).

Les papiers, quels qu'ils soient, doivent être propres, c'est-àdire non maculés.

Vente au poids

Les décrets relatifs au commerce des huiles et graisses comestibles (11 mars 1908, art. 7), des produits de la sucrerie, de la confiserie et de la chocolaterie (19 décembre 1910, art. 28) stipulent que, dans les établissements où s'exerce le commerce des marchandises qu'ils visent, les produits mis en vente ou les récipients ou emballages qui les contiennent et dans lesquels lesdits produits sont livrés au consommateur doivent porter une inscription indiquant, en caractères apparents, soit le poids net (ou le volume pour les huiles), soit le poids brut et la tare d'usage.

Cette inscription est obligatoire pour tous les colis contenant des huiles ou des graisses, car, pour ces produits, la vente à la pièce n'est pas permise.

Il n'en est pas de même à l'égard des produits de la sucrerie, de la confiserie et de la chocolaterie, car, ici, l'inscription du poids n'est obligatoire que dans le cas où la vente est faite au poids.

L'article 5 du décret du 15 avril 1912 ne fait que généraliser cette dernière mesure. Il l'étend au commerce de toutes les marchandises et denrées alimentaires qui sont *vendues au poids*.

Il en résulte que le fabricant n'est pas obligé de faire connaître le poids de la marchandise contenue dans une boîte de conserve, dans une terrine, par exemple, vendues à la pièce, mais que, s'il indique un poids, celui-ci doit être le poids net, c'est-à-dire le poids de la marchandise contenue dans la boîte ou dans la terrine. Cette indication doit être donnée dans la limite d'exactitude pratiquement réalisable en ces matières, c'est-à-dire de telle façon que, le cas échéant, il soit possible au fabricant de prouver que le poids indiqué est bien le poids moyen constaté sur un lot de mêmes marchandises de sa fabrication. Autrement dit, pour relever le délit de tromperie, il faut qu'une différence notable soit constatée sur un certain nombre d'échantillons, de telle sorte qu'on puisse la considérer comme systématique et non accidentelle.

Au lieu d'indiquer le poids net, il va sans dire que, sous les mêmes réserves, on peut indiquer le le poids brut et la tare d'usage, cette dernière étant le poids moyen des emballages habituellement employés.

D'ailleurs, en ce qui concerne la constatation des faits de tromperie sur la quantité, je vous prie de vous reporter aux instructions contenues dans la circulaire n° 9, du 5 septembre 1908 que nous donnons ci-après.

Ces dispositions ne sont applicables qu'aux caisses, boîtes, sacs préparés à l'avance dans lesquels la marchandise est livrée à l'acheteur et vendue au poids (sacs de café grillé de 1/2 kilog, par exemple) et non aux emballages ou récipients contenant des denrées vendues à l'unité ou pesées devant l'acheteur, celui-ci étant alors à même de se rendre compte de la sincérité de l'opération.

Circulaire du 5 Septembre 1908

Tromperies sur la quantité

Par son article premier, la loi du 1er août 1905 punit quiconque aura trompé ou tenté de tromper l'acheteur sur la quantité des choses livrées et prévoit, par son article 2, une aggravation de peine lorsque le délit (ou la tentative de délit) aura été commis à l'aide d'indications frauduleuses tendant à faire croire à un pesage antérieur et exact.

1. Je suis informé que diverses denrées vendues dans des sacs, caisses, boîtes, paquets préparés en vue de la vente, portent parfois une indication de poids sans qu'il soit précisé s'il s'agit du poids brut ou du poids net.

J'estime qu'il y a là une tentative de tromperie sur la quantité, attendu que l'acheteur est en droit de considérer que le poids indiqué est celui de la marchandise offerte, c'est-à-dire le poids net. Je vous invite donc à relever soigneusement les infractions de cette nature que vous serez amené à constater au cours de vos visites dans les établissements de vente au détail des produits alimentaires et à joindre, au besoin, au procès-verbal de constatation toutes pièces utiles, sans qu'un prélèvement, dans la forme habituelle (4 échantillons) soit évidemment nécessaire.

2. On pourrait encore considérer comme une tentative de tromperie sur la quantité le fait d'indiquer sur les sacs, caisses, boîtes, paquets, dont il s'agit le *poids brut* seulement, car la tare, c'est-à-dire le poids du contenant, peut être beaucoup plus élevé que ne le suppose l'acheteur. J'estime cependant qu'on ne saurait voir dans cette insuffisance

d'indications une intention frauduleuse, à moins que l'emballage n'ait un poids tout à fait anormal (si l'on en juge d'après les usages du commerce) c'est-à-dire volontairement exagéré.

Hormis ce cas exceptionnel, il n'y a donc pas d'infraction à relever lorsque les emballages préparés portent l'indication du *poids brut* et lorsqu'aucun règlement spécial n'exige que la *tare d'usage* soit également indiquée. Actuellement une telle prescription n'existe que pour les graisses et les huiles comestibles, dont les emballages et récipients doivent porter l'indication du poids net, ou celle du poids brut et de la tare d'usage. (Décret du 11 mars 1908, art. 7).

3. Lorsque les denrées qui se vendent au poids ne sont pas mises en vente en emballages, sacs, caisses, boîtes préparées, le vendeur est nécessairement tenu d'en peser exactement la quantité demandée au moment de la vente.

Le fait d'opérer cette pesée sans avoir taré préalablement le sac, la feuille de papier ou le récipient dans lequel la marchandise est placée sur la balance en vue du pesage, soit au moyen des poids correspondants, soit au moyen d'un sac, d'une feuille de papier ou d'un récipient semblables placés sur l'autre plateau de la balance, peut aboutir à une tromperie sur la quantité de la chose vendue ; il n'en est pas ainsi, toutefois, si le vendeur ajoute à sa marchandise le supplément nécessaire pour compenser le fait de ne pas avoir procédé à la tare ; il y a lieu également de tenir compte du consentement de l'acheteur et des usages locaux.

Lorsque, en tenant compte des observations qui précèdent, il vous apparaîtra que le délit de tromperie sur la quantité est certaine, vous emploierez pour le constater les moyens qui vous paraîtront le mieux convenir aux circonstances.

4. Certaines denrées, telles que le beurre, sont parfois offertes à l'acheteur, en pains dont la forme, conformément aux usages locaux, est indicative d'un poids déterminé. Aucune mention de quantité ne figure alors sur ces pains qui sont délivrés pour 500, 250 ou 125 grammes, sans être pesés à nouveau devant l'acheteur.

Il y a lieu de relever une infraction à la loi lorsqu'un écart systématique et non accidentel est constaté entre le poids que devraient peser les pains, d'après leur forme, et leur poids réel, c'est-à-dire lorsque, à plusieurs reprises et sur un assez grand nombre d'entre eux, on aura pu constater que les pains dont il s'agit n'ont pas le poids qu'ils devraient avoir d'après les usages locaux.

5. Il n'en est plus de même en ce qui concerne le pain proprement dit. Des expériences nombreuses ont démontré l'impossibilité pour les boulangers de fabriquer des pains d'un poids déterminé.

Je vous invite, en conséquence, à ne pas considérer comme une tentative de tromperie le fait de mettre en vente des pains qui n'auraient pas le poids qui paraît résulter de leur forme ou de leur dénomination (par exemple, le pain, dit de 4 livres, ne pèse pas nécessairement 2 kilogrammes).

Il s'ensuit que le pain doit être pesé au moment de la vente, car l'acheteur peut cependant croire que, en raison de sa forme et de sa dénomination, le pain qui lui est livré pèse un poids déterminé, alors qu'il n'en est rien.

En ce qui concerne spécialement les pains livrés à domicile, le pesage devrait être fait avant la livraison ou au moment de la livraison, mais en l'absence d'un règlement sur la matière, j'estime qu'il y a lieu de tenir compte, en faveur de la boulangerie, soit des usages locaux, soit des arrêtés municipaux qui dispensent du pesage les pains portés à domicile.

Quant aux pains de luxe et de fantaisie il est généralement admis qu'ils peuvent être vendus à la pièce, c'est-à-dire sans aucune garantie de poids. L'acheteur ayant évidemment le droit de faire avec son fournisseur une convention contraire. Là encore, il y a lieu de tenir compte des usages locaux ou des arrêtés municipaux, qui, en l'absence d'un Règlement général, doivent être observés en cette matière.

6. D'autre part la forme de certains récipients est indicatrice de leur volume. Il en est ainsi pour les bouteilles ayant la forme dite « litre ».

Lorsque les boissons lui sont livrées dans de telles bouteilles, l'acheteur est en droit de croire que la quantité de marchandise livrée est effectivement de un litre.

Le fait que les « litres » détenus dans un établissement de vente ont, en général, une contenance inférieure à 98 centilitres, mesurée au ras du goulot, me paraît devoir être relevé comme une infraction à la loi, mais il demeure entendu que la constatation ne doit pas porter sur une bouteille seulement ; le fait doit être constaté sur un nombre de bouteilles assez grand pour que le vendeur ne puisse prétendre qu'il s'agit d'un fait accidentel.

Quant aux bouteilles proprement dites, le tableau annexé à la loi du 13 juin 1866 sur les usages commerciaux contient les indications suivantes :

La bouteille dite de Bordeaux doit avoir une contenance de 75 centilitres au minimum ; les bouteilles dites Bourguignonnes, Mâconnaises ou dites de Champagne doivent avoir une contenance minimum de 80 centilitres.

Indications trompeuses

Si la loi du 1er août 1905 n'oblige, en aucun cas, le vendeur à faire connaître la nature ou l'origine du produit qu'il met en vente, elle lui interdit, par contre, l'emploi des indications trompeuses. L'article 9 du décret n'est donc qu'une traduction du principe même de la loi.

Il considère comme une tentative de tromperie le fait d'employer, d'une façon quelconque, des signes, marques, dessins, noms, indications quelconques, susceptibles de produire, soit isolément, soit par leur ensemble, une confusion dans l'esprit de l'acheteur sur la nature du produit, ou sur son origine lorsque la désignation de l'origine attribuée au produit doit être considérée comme la cause principale de la vente.

Vous remarquerez en outre que cet article généralise et étend à toutes les boissons, marchandises et denrées, servant à l'alimentation les dispositions semblables que renferme chacun des décrets antérieurs mais en les complétant, car il vise les tromperies sur le poids ou le volume. Dans tous les cas où le vendeur n'est pas obligé de faire connaître le poids ou le volume de la marchandise livrée, il lui rappelle que, néanmoins, s'il fournit volontairement cette indication, celle-ci doit être sincère.

C'est ainsi que le fait d'indiquer « 1 litre » sur une boîte de conserve qui ne renferme que « 0 litre 900 », par exemple, constitue une tromperie. Le fait ne reste pas moins délictueux si le vendeur, au lieu d'indiquer nettement « 1 litre », a employé une abréviation ou une indication quelconque de nature à faire croire à l'acheteur que la boîte livrée contenait un litre de marchandise.

De même l'emploi d'un récipient quelconque, dont la forme, d'après les usages est indicative d'un poids ou d'un volume, constitue une tentative de tromperie si le poids ou le volume du contenu est, sans que l'acheteur en soit expressément averti, inférieur au poids ou au volume présumé.

EAUX MINÉRALES ET EAUX DE TABLE

Règlementation
pour servir de base à l'établissement de la taxe

Une distinction doit être opérée entre les *eaux de table ordinaire* et les *eaux minérales* naturelles ou artificielles :

Les eaux de table sont des eaux naturelles auxquelles leur composition permet d'attribuer une propriété thérapeutique ; elles peuvent être exploitées sans autorisation et aucune formalité spéciale n'est exigée de ceux qui veulent en tenir un dépôt ; mais, comme toutes les boissons, elles sont soumises au contrôle des prélèvements en vue de l'application de la loi du 1er août 1905. Elles sont parfois stérilisées avant la mise en bouteilles et vendues comme *eaux de table stérilisées.* Etant donné que, par suite de la mise en bouteilles, des germes divers sont introduits dans l'eau et s'y développent, la stérilisation perd son effet et l'acheteur est trompé sur la nature du produit vendu. Dans ces conditions, il y a lieu d'exiger que les *étiquettes des bouteilles d'eau de table de cette catégorie portent la mention bien apparente : « Stérilisé avant la mise en bouteilles. »*

Lorsque des propriétés thérapeutiques sont attribuées à une eau de table, cette eau devient par là-même une eau minérale dont la vente est soumise à des règles rappelées ci-après.

De même lorsqu'une eau de table est gazéifiée, elle rentre dans la catégorie des eaux minérales artificielles, sa fabrication et sa vente sont réglées comme il est dit plus loin.

Les eaux minérales naturelles ou artificielles sont des eaux naturellement ou artificiellement minérali-

*sées auxquelles leur composition permet d'attribuer
des propriétés thérapeutiques.*

L'exploitation des sources d'eaux minérales peut
être autorisée par le Ministre de l'Intérieur. Cette
autorisation est révocable.

La fabrication des eaux minérales artificielles doit
être autorisée par le Préfet du département dans
lequel la fabrique est établie. Cette autorisation est
révocable.

Vente. — Quiconque veut tenir un dépôt d'eaux
minérales naturelles ou artificielles dont l'exploitation ou la fabrication a été autorisée, doit en
demander l'autorisation au Préfet du département
dans lequel est situé le dépôt.

Le Préfet ne peut donner d'autorisation partielle
la limitant à la vente des eaux de table, ni à la
vente de certaines eaux minérales à l'exclusion des
autres, l'autorisation doit être accordée, refusée ou
révoquée sans restrictions.

Condition de vente des eaux minérales

Une eau de source peut être mise en vente sous
plusieurs marques, mais *le nom sous lequel la source
a été autorisée doit figurer clairement et distincte-
ment sur l'étiquette.*

Le nom d'une source ne peut être appliqué à une
bouteille remplie à une autre source.

La décantation, avant la mise en bouteille, est
permise si l'autorisation le comporte mais sous
*réserves d'indications révélatrices portées sur les
étiquettes.*

Il en est de même pour la gazéification, mais l'étiquette doit indiquer si elle a été faite au gaz naturel
de la source ou à l'acide carbonique.

Le remplissage des bouteilles, en attendant un
règlement nouveau peut avoir lieu ailleurs qu'à la
source, à moins que la faculté d'emporter des eaux
en tonneau n'ait été interdite par l'autorisation.

La composition doit être identique à celle qu'indique l'analyse officielle de l'Académie de médecine.

Dans leur tournée les inspecteurs du service de la répression des fraudes s'assureront si les vendeurs et les fabricants d'eaux minérales, naturelles ou artificielles, ainsi que ceux qui tiennent des dépôts sont munis des autorisations ministérielle ou préfectorale et si *la nature du .contenu de la bouteille est bien exactement celui qui est indiqué sur l'étiquette dont elle est revêtue.* Ils signaleront aux autorités compétentes les infractions qu'ils pourraient relever.

Taxe

La taxe spéciale destinée à couvrir les frais d'inspection en ce qui concerne les eaux minérales (par opposition aux eaux de table) est due par tous les fabricants ou dépositaires, pour les dépôts tenus hors des pharmacies, sans qu'aucun texte permette d'en dispenser les commerçants qui ne vendent actuellement qu'une minime quantité d'eau de Seltz, par exemple, destinée à être consommée ailleurs que dans l'établissement.

Mais elle n'est pas due par les hôteliers, limonadiers... qui fabriquent des eaux destinées à être consommées sur place.

ENGRAIS ET AMENDEMENTS

Produits cupriques anticryptogamiques et insecticides

Si les Pouvoirs publics ont voulu protéger contre la fraude les denrées alimentaires servant à l'alimentation des hommes et des animaux pour en empêcher la falsification et éviter qu'il y soit mélangé des produits nocifs susceptibles d'altérer la santé publique, ils ont, en outre, pensé que la composition de certains produits agricoles destinées à amender les terrains et à préserver les récoltes contre les maladies cryptogamiques dont depuis plusieurs années elles sont atteintes devaient également être surveillées et, dans leur sollicitude pour les agriculteurs, il ont complété les lois déjà anciennes des 4 février 1888 et 4 août 1903, par celle du 8 juillet 1907 complétée par le décret du 3 mars 1911 qui en réglemente son application avec d'autres documents reproduits dans le présent chapitre.

Loi (4 Février 1888)
concernant la répression des fraudes dans le commerce des engrais

Le Sénat et la Chambre des Députés ont adopté,

Le Président de la République promulgue la loi dont la teneur suit :

Article premier. — Seront punis d'un emprisonnement de six jours à un mois et d'une amende de

50 à 2.000 francs ou de l'une de ces deux peines seulement :

Ceux qui, en vendant ou mettant en vente des engrais ou amendements, auront trompé ou tenté de tromper l'acheteur, soit sur leur nature, leur composition ou le dosage des éléments utiles qu'ils contiennent, soit sur leur provenance, soit par l'emploi, pour les désigner ou les qualifier, d'un nom qui, d'après l'usage, est donné à d'autres substances fertilisantes.

En cas de récidive dans les trois ans qui ont suivi la dernière condamnation, la peine pourra être élevée à deux mois de prison et 4.000 francs d'amende.

Le tout sans préjudice de l'application du paragraphe 4 de l'article premier de la loi du 1er août 1905 relatif aux fraudes sur la quantité des choses livrées (1), et des articles 7, 8 et 9 de la loi du 23 juin 1857 concernant les marques de fabrique et de commerce.

Art. 2. — Remplacé par l'art. 7 de la loi du 1er août 1905.

Art. 3. — Seront punis d'une amende de 11 à 15 francs inclusivement ceux qui, au moment de la livraison, n'auront pas fait connaître à l'acheteur, dans les conditions indiquées à l'article 4 de la présente loi, la provenance naturelle ou industrielle de l'engrais ou de l'amendement vendu et sa teneur en principes fertilisants.

En cas de récidive dans les trois ans, la peine de l'emprisonnement pendant cinq jours au plus pourra être appliquée.

Art. 4. — Les indications dont il est parlé à l'article 3 seront fournies, soit dans le contrat même, soit dans le double de commission délivré à l'acheteur au moment de la vente, soit dans la facture remise au moment de la livraison.

(1) Ainsi modifié par la loi du 1er août 1905.

La teneur en principes fertilisants sera exprimée par les poids d'azote, d'acide phosphorique et de potasse contenus dans 100 kilogrammes de marchandise facturée telle qu'elle est livrée, avec l'indication de la nature ou de l'état de combinaison de ces corps, suivant les prescriptions du règlement d'administration publique dont il est parlé à l'article 6.

Toutefois, lorsque la vente aura été faite avec stipulation du règlement du prix d'après l'analyse à faire sur échantillon prélevé au moment de la livraison, l'indication préalable de la teneur exacte ne sera pas obligatoire, mais mention devra être faite du prix du kilogramme de l'azote, de l'acide phosphorique et de la potasse contenus dans l'engrais tel qu'il est livré, et de l'état de combinaison dans lequel se trouvent ces principes fertilisants. La justification de l'accomplissement des prescriptions qui précèdent sera fournie, s'il y a lieu, en l'absence de contrat préalable ou d'accusé de réception de l'acheteur, par la production soit du copie de lettres du vendeur, soit de son livre de factures régulièrement tenu à jour et contenant l'énoncé prescrit par le présent article.

Art. 5. — Les dispositions des articles 3 et 4 de la présente loi ne sont pas applicables à ceux qui auront vendu, sous leur dénomination usuelle, des fumiers, des matières fécales, des composts, des gadoues ou boues de ville, des déchets de marchés, des résidus de brasserie, des varechs et autres plantes marines pour engrais, des déchets frais d'abattoirs, de la marne, des faluns, de la tangue, des sables coquilliers, des chaux, des plâtres, des cendres ou des suies provenant des houilles ou autres combustibles.

Art. 6. — Un règlement d'administration publique prescrira les procédés d'analyse à suivre pour la détermination des matières fertilisantes des engrais, et statuera sur les autres mesures à prendre pour assurer l'exécution de la présente loi.

Art. 7. — La loi du 27 juillet 1867 est et demeure abrogée.

Art. 8. — La présente loi est applicable à l'Algérie et aux colonies.

La présente loi, délibérée et adoptée par le Sénat et par la Chambre des députés, sera exécutée comme loi de l'Etat.

CARNOT.

Loi (4 Août 1903)

réglementant le commerce des produits cupriques anticryptogamiques

Le Sénat et la Chambre des Députés ont adopté,

Le Président de la République promulgue la loi dont la teneur suit :

Article premier. — Seront punis d'une amende de quinze francs (15 fr.) à vingt-cinq francs (25 fr.) inclusivement ceux qui, au moment de la vente ou de la livraison de produits cupriques anticryptogamiques, matières premières ou composées, n'auront pas fait connaître à l'acheteur sur le bulletin de vente, en même temps que sur la facture, la teneur en cuivre pur contenu par 100 kilogrammes de matière facturée telle qu'elle est livrée.

Toutefois, lorsque la vente aura été faite avec stipulation du prix d'après l'analyse à faire sur l'échantillon prélevé au moment de la livraison, l'indication préalable de la teneur exacte ne sera pas obligatoire ; mais la mention du prix du kilogramme de cuivre pur devra être faite, soit sur la lettre d'avis, soit sur la facture délivrée à l'acheteur.

Art. 2. — Un règlement d'administration publique déterminera les procédés analytiques à suivre pour la détermination du cuivre pur dans les produits anticryptogamiques cupriques.

La présente loi, délibérée et adoptée par le Sénat et par la Chambre des Députés, sera exécutée comme loi de l'Etat.

Fait à la Bégude-de-Mazenc, le 4 août 1903.

Emile LOUBET.

Loi (8 Juillet 1907)

concernant la vente des engrais

Le Sénat et la Chambre des Députés ont adopté,

Le Président de la République promulgue la loi dont la teneur suit :

Article premier. — La lésion de plus d'un quart dans l'achat des engrais ou amendements qui font l'objet de la loi du 4 février 1888 et des substances destinées à l'alimentation des animaux de la ferme donne à l'acheteur une action en réduction de prix et en dommages-intérêts.

Art. 2. — Cette action doit être intentée, à peine de déchéance, dans le délai de quarante jours à dater de la livraison. Ce délai est franc. Elle demeure recevable, nonobstant l'emploi partiel ou total des matières livrées.

Art. 3. — Nonobstant toute convention contraire qui sera nulle de plein droit, cette action est de la compétence du juge de paix du domicile de l'acheteur, quel que soit le chiffre de la demande, et sous réserve du droit d'appel au-dessus de 300 francs.

La présente loi, délibérée et adoptée par le Sénat et par la Chambre des députés, sera exécutée comme loi de l'Etat.

Fait à Paris, le 8 juillet 1907.

A. FALLIÈRES.

Décret (3 mai 1911)

portant règlement d'administration publique pour l'application de la loi du 4 février 1888 concernant la répression des fraudes dans le commerce des engrais.

(*Journal Officiel* du 20 mai 1911).

Le Président de la République française,
Sur le rapport du Ministre de l'Agriculture,
Vu la loi du 4 février 1888 sur la répression des fraudes dans le commerce des engrais et notamment l'article 6 ainsi conçu :

. . . .

Le Conseil d'Etat entendu,

Décrète :

Article premier. — Tout vendeur d'engrais ou amendement autre que l'un de ceux mentionnés à l'article 5 de la loi du 4 février 1888 est *tenu d'indiquer, soit dans le contrat de vente, soit dans le double de la commission délivré à l'acheteur au moment de la vente, soit dans une facture remise ou envoyée à l'acheteur* au moment de la livraison ou de l'expédition de l'engrais ou amendement :

1° Le nom dudit engrais ou amendement ;

2° Sa nature ou la désignation permettant de le différencier de tout autre engrais ou amendement ;

3° Sa provenance, c'est-à-dire le nom de l'usine ou de la maison qui l'a fabriqué ou fait fabriquer, s'il s'agit d'un produit industriel, ou le lieu géographique d'où il est tiré s'il s'agit d'un engrais naturel soit pur, soit simplement trié et pulvérisé.

Art. 2. — Les indications prescrites par l'article qui précède doivent *être complétées par la mention de la composition de l'engrais ou amendement.*

Cette composition doit être exprimée par les poids des éléments fertilisants contenus dans 100 kilogrammes de la marchandise facturée, telle qu'elle est livrée, et dénommés ci-après :

Azote nitrique ;

Azote ammoniacal ;

Azote organique ;

Acide phosphorique en combinaison soluble dans l'eau ;

Acide phosphorique en combinaison soluble dans le citrate d'ammoniaque ;

Acide phosphorique en combinaison insoluble ;

Potasse en combinaison soluble dans l'eau.

Pour l'azote organique, l'azote ammoniacal et la potasse en combinaison soluble dans l'eau, l'origine ou l'indication de la matière première dont ils proviennent doit être mentionnée.

Dans tous les cas, la teneur par 100 kilogrammes d'engrais ou amendement est exprimée en azote élémentaire (Az), en acide phosphorique anhydre (P^2O^5) et en potasse anhydre (K^2O).

Les mots « *pour cent* » dans l'indication du dosage doivent être *exprimés en toutes lettres*.

Art. 3. — Lorsque la vente est faite avec stipulation du règlement du prix d'après l'analyse à faire sur échantillon prélevé au moment de la livraison, l'indication de la composition de l'engrais ou amendement, telle qu'elle est exigée par l'article 2 qui précède, n'est pas obligatoire ; *mais le vendeur est tenu de mentionner en outre des prescriptions de l'article premier :*

Le prix du kilogramme d'azote nitrique :

Le prix du kilogramme d'azote ammoniacal ;

Le prix du kilogramme d'azote organique ;

Le prix du kilogramme d'acide phosphorique en combinaison soluble dans l'eau ;

Le prix du kilogramme d'acide phosphorique en combinaison soluble dans le citrate d'ammoniaque ;

Le prix du kilogramme d'acide phosphorique en combinaison insoluble ;

Le prix du kilogramme de potasse en combinaison soluble dans l'eau.

Pour l'azote organique, l'azote ammoniacal et la potasse en combinaison soluble dans l'eau, l'origine ou l'indication de la matière première dont ils proviennent doit être mentionnée.

Les prix se rapportent toujours au kilogramme d'azote élémentaire (Az), d'acide phosphorique anhydre (P^2O^5) et de potasse anhydre (K^2O).

Art. 4. — La Commission permanente instituée par le décret susvisé du 31 juillet 1906, pour l'examen des questions d'ordre scientifique que comporte l'application de la loi du 1er août 1905 sur la répression des fraudes, est chargée également de l'étude des questions techniques concernant l'exécution de la loi du 4 février 1888 sur les engrais.

Art. 5. — Les infractions aux dispositions de la loi du 4 février 1888 et à celles du présent règlement d'administration publique sont constatées par tous officiers de police judiciaire et par les autorités qui ont qualité, aux termes du décret susvisé du 31 juillet 1906, pour opérer des prélèvements en matière de fraude.

Art. 6. — Des prélèvements d'échantillons peuvent, en toutes circonstances, être opérés d'office dans les magasins, boutiques, ateliers, voitures servant au commerce, ainsi que dans les entrepôts, halles, foires et marchés et dans les gares ou ports de départ et d'arrivée.

Les administrations publiques sont tenues de fournir aux officiers de police judiciaire et agents désignés à l'article 5 ci-dessus, tous éléments d'information nécessaire à l'exécution de la loi du 4 février 1888.

Les entrepreneurs de transport sont tenus de

n'apporter aucun obstacle aux réquisitions pour prises d'échantillons et de représenter les titres de mouvement, lettres de voiture, récépissés, connaissements et déclarations dont ils sont détenteurs. (Voir refus d'exercice, p. 16.)

Les prélèvements sont soumis aux mêmes règles que ceux des autres denrées, sauf en ce qui concerne les étiquettes, sur le talon de laquelle on doit inscrire en plus, la composition du produit.

En outre, il doit être annexé au procès-verbal, une copie du contrat de vente, du double de la commission ou de la facture.

Arrêté du 15 Mai 1911

fixant les mesures à prendre pour le prélèvement des échantillons d'engrais, amendements et produits pour la destruction des cryptogames et autres parasites.

(*Journal officiel* du 20 mai 1911)

Le Ministre de l'Agriculture,

Vu la loi du 4 février 1888 sur la répression des fraudes dans le commerce des engrais et amendements ;

. . . .

Vu l'avis émis par la Commission permanente,

Arrête :

Article premier. — Chaque prélèvement comporte toujours la prise de quatre échantillons.

Ces quatre échantillons doivent être identiques.

Art. 2. — Les quantités à prélever et les procédés à employer pour obtenir des échantillons homogènes sont les suivants :

I. — *Produits anticryptogamiques*

Sulfate de cuivre ;
Sulfate de fer ;
Soufre ;
Bouillies cupriques ;
Verdet
Et produits hétérogènes.

Chaque échantillon, de 250 grammes environ, est placé dans un *vase de verre propre et sec,* lequel est immédiatement bouché avec un *bouchon de liège et scellé.*

En ce qui concerne les bouillies cupriques, les verdets et, en général, les poudres formées par le mélange de produits différents, la prise d'échantillon doit être faite en observant rigoureusement les précautions suivantes :

Lorsque le produit est contenu dans un seau ou vendu en paquet, *répandre la totalité du contenu du seau ou d'un paquet sur une feuille de papier, étaler en mélangeant la matière en couche uniforme et prélever dans les divers points de la masse une quantité de produit d'environ 1 kilogramme.*

Cette quantité est, à son tour, *placée sur une feuille de papier, mélangée et partagée* en quatre tas égaux constituant chacun l'un des quatre échantillons.

Lorsque le produit est contenu dans un sac qu'il est pratiquement impossible de vider complètement, *on prélève à la sonde, dans les divers points de la masse,* une quantité de produit d'environ 1 kilogramme, puis on mélange les prises sur une feuille de papier et on opère comme précédemment.

II. — *Engrais pulvérulents ou ayant l'aspect du sel*

Chaque échantillon, de 250 grammes environ, est placé dans *un vase de verre propre et sec,* lequel est immédiatement bouché avec *un bouchon de liège et scellé.*

Lorsque le produit est en sac, le prélèvement doit être opéré sur un échantillon moyen obtenu de la façon suivante :

On ouvre un des *angles d'un sac et l'on y plonge une sonde,* en la dirigeant en diagonale vers l'angle opposé ; on répète la *même opération successivement sur chacun des quatre angles* du sac et on réunit sur une toile ou sur une feuille de papier le produit ainsi obtenu.

On opère de la même façon sur un certain nombre de sacs pris au hasard et on réunit toutes les prises qu'on mélange soigneusement, à la main ou avec une spatule, et qu'on réunit en un seul tas.

La matière rendue, de cette façon, aussi homogène que possible, est étalée en couche uniforme. On prélève systématiquement dans les divers points de celle-ci de quoi remplir les quatre flacons.

Lorsque les engrais pulvérulents sont en tonneaux, *on perce les deux fonds du tonneau de deux trous, au moyen d'une vrille ; ces trous doivent être assez grands pour qu'on puisse y introduire la sonde,* ce qu'on fait en s'éloignant autant que possible de l'axe du tonneau. Le mélange se fait d'ailleurs comme précédemment.

Lorsque l'engrais est en tas, on peut également se servir de la sonde pour y prélever l'échantillon moyen ; mais il faut avoir soin de faire *pénétrer cet instrument jusque dans les parties centrales du tas, de même que jusque dans les parties inférieures.* Si le tas est trop volumineux pour qu'on puisse arriver à ce résultat, le meilleur moyen consiste à faire une tranchée vers le centre du tas et à prélever ensuite, dans un grand nombre de points placés dans les diverses parties du tas (en y comprenant ceux que la tranchée a rendus libres), les échantillons au moyen de la sonde.

III. — *Engrais non pulvérulents*

La quantité à prélever par échantillon est d'autant plus grande que la matière est moins homogène.

Lorsque l'engrais est en masse pâteuse ou compacte et qu'il se trouve en sacs ou en tonneaux, il est indispensable *de vider plusieurs sacs pris au hasard sur un plancher ou sur des dalles préalablement balayées ; on mélange alors à la pelle le tas obtenu et l'on prélève en différents points de ce tas des pelletées de l'engrais.* Ce nouvel échantillon formé est divisé et mélangé, pulvérisé, ou concassé, autant que possible, à l'aide d'une batte ou d'un marteau ; on mélange finalement à la main cette matière plus ou moins pulvérulente et on l'introduit dans un flacon ou dans une boîte métallique.

Quand l'échantillon est primitivement *en tas,* on procède de la même manière, en pratiquant une tranchée comme il a été expliqué plus haut.

On ne doit, dans aucun cas, dans l'une ou l'autre de ces opérations, *éliminer les pierres ou les parties étrangères de l'engrais ; elles doivent entrer dans l'échantillon prélevé,* dans une proportion autant que possible égale à celle dans laquelle elles existent dans l'engrais.

Des matières *peu homogènes, rognures, chiffons,* etc., sont disposées en tas et bien mélangées à la pelle ; sur ce mélange, on prélève, à la main, dans un très grand nombre d'endroits, une poignée de matière, on réunit le produit de tous ces prélèvements, qu'on mélange à nouveau avec la main et sur lequel on prend finalement l'échantillon destiné à l'analyse. Moins la matière est homogène, plus grand devra être l'échantillon destiné à l'ānalyse ; dans quelques cas, il faut prélever jusqu'à trois et quatre kilogrammes de matière. Cet échantillon est introduit dans *une boîte métallique ou dans une caisse en bois hermétiquement fermée.*

Les engrais qui sont en pâte plus ou moins liquide (par exemple, les vidanges) peuvent présenter deux cas : ou bien ils sont homogènes et alors il suffit de les mélanger à la pelle et d'en remplir un flacon ; ou bien ils se séparent en deux parties (l'une plus fluide, l'autre plus consistante) : dans ce cas, il est indispensable de prélever de l'une et de l'autre dans une proportion égale à la proportion dans laquelle elles existent dans le lot à examiner.

Les parties *liquides sont remuées et aussitôt, sans laisser le temps de déposer*, on en prélève une quantité proportionnelle.

Les parties *solides sont divisées à la bêche ;* on y prélève un échantillon égal proportionnel et l'on réunit les deux lots dans un grand flacon à large goulot hermétiquement bouché.

Circulaire ministérielle
du 16 Mai 1911

pour l'application des décrets et arrêtés qui précèdent

Rédaction du procès-verbal de prélèvement

Il ne vous a pas échappé que la loi générale du 1er août 1905 n'oblige nullement le vendeur d'une marchandise quelconque à faire connaître la nature, la qualité, la composition ou l'origine de ladite marchandise : elle s'oppose seulement à ce que la dénomination de vente, librement choisie par le vendeur, ne contienne des affirmations trompeuses.

Mais cette obligation de faire connaître la nature et la composition du produit vendu existe, en vertu de lois spéciales, pour certaines marchandises.

Les produits cupriques anticryptogamiques et les engrais et amendements sont dans ce cas.

Produits cupriques anticryptogamiques. — En ce qui concerne ces produits, la loi du 4 août 1903 oblige le vendeur à faire connaître à l'acheteur, sur le bulletin de vente en même temps que sur la facture, la teneur en cuivre pur contenu par 100 kilogrammes de matière facturée telle qu'elle a été livrée.

Il n'est dispensé de cette obligation que si la vente a été faite avec stipulation du prix d'après l'analyse à faire sur un échantillon prélevé par les soins des intéressés, au moment de la livraison, auquel cas il doit indiquer sur la lettre d'avis ou sur la facture, le prix du kilogramme de cuivre pur.

De l'ensemble de ces dispositions, il résulte que lorsqu'un produit cuprique est mis en vente en détail, en seaux ou en paquets, *l'emballage doit porter l'indication de la teneur centésimale du produit en cuivre pur.*

Cette indication peut évidemment être accompagnée d'une mention indiquant la teneur *du produit en sulfate de cuivre,* mais, en aucun cas, celle-ci ne peut tenir *lieu d'indication réglementaire.*

L'omission de la teneur en cuivre pur suffit à elle seule, sans qu'il soit besoin d'opérer un prélèvement, *à constituer une infraction à la loi du 4 août 1903.*

En tous cas, il importe que le procès-verbal de prélèvement relate ce fait avec soin.

Engrais et amendements. — La loi du 4 février 1888, qui concerne ces produits, est beaucoup plus rigoureuse.

Il importe donc de rechercher avec un soin particulier, au moment du prélèvement d'un engrais, si le vendeur s'est conformé à la loi précitée et au décret du 3 mai 1911, rendu pour son application, en fournissant à l'acheteur les renseignements sur la nature, la provenance et la composition de l'engrais qu'il est dans l'obligation de donner, soit dans le contrat de vente, soit dans le double de la commission délivrée à l'acheteur au moment de la vente, soit dans une facture remise ou envoyée à l'acheteur au moment de la livraison ou de l'expédition de l'engrais ou amendement.

Dans ces conditions, vous voyez qu'il est indispensable d'annexer au procès-verbal rédigé dans la forme habituelle, la copie de ces dernières pièces. Aussi, l'article 8 du décret du 3 mai 1911, ne diffère-t-il de l'article correspondant du décret du 31 juillet 1906, que par ce point, sur l'importance duquel j'appelle, d'ailleurs, toute votre attention.

Il me paraît donc nécessaire de vous donner quelques explications relatives aux indications qui doivent figurer sur les pièces dont il s'agit.

Les articles premier, 2 et 3 du décret du 3 mai 1911 obligent tout vendeur d'engrais ou amendement (autre que l'un de ceux mentionnés à l'article 5 de la loi du 4 février 1888), à faire connaître à l'acheteur, soit dans le double de la commission, soit dans une facture remise ou envoyée à l'acheteur au moment de la livraison ou de l'expédition :

1° Le *nom* dudit engrais ou amendement ;

2° Sa *nature* ou la désignation permettant de le différencier de tout autre engrais ou amendement ;

3° Sa *provenance*, c'est-à-dire le nom de l'usine ou de la maison qui l'a fabriqué ou fait fabriquer, s'il s'agit d'un produit industriel, ou le lieu géographique d'où il est tiré, s'il s'agit d'un engrais naturel, soit pur, soit simplement trié et pulvérisé ;

4° Sa *composition*.

Il importe de bien définir ces différents termes :

Nom. — Par « nom », il faut entendre la désignation sous laquelle l'engrais ou l'amendement est connu.

L'article premier de la loi considère *comme une tromperie ou une tentative de tromperie l'emploi*, pour désigner ou qualifier un engrais, d'un nom qui, d'après l'usage, est donné à d'autres substances fertilisantes.

Ainsi la vente ou la mise en vente sous le nom de *« guano » d'un engrais fabriqué, alors même que cet engrais aurait la richesse du guano en éléments utiles, constitue une tromperie ou une tentative de tromperie sur la dénomination en même temps que sur la nature du produit.*

NATURE. — Par « nature », il faut entendre l'ensemble des propriétés qui caractérisent la marchandise et la différencient de toute autre. Il y a tentative de tromperie sur la nature d'un engrais quand l'indication fournie, soit dans le contrat, soit dans le double de commission, soit dans la facture, s'applique à une marchandise différente de celle qui est vendue ou mise en vente. *Ainsi, la désignation du cuir torréfié sous le nom de « sang desséché », de la poudre de corozo sous le nom de « poudre d'os », de la tourbe torréfiée ou coke de Boghead sous le nom de « noir », de schistes pulvérisés sous le nom de « phosphates », de terre rougeâtre sous le nom de « guano »,* constituent une tromperie sur la nature de l'engrais parce que ces diverses matières ne possèdent pas l'ensemble des propriétés des engrais sous le nom desquels elles sont vendues ou mises en vente, bien qu'elles en aient plus ou moins l'aspect extérieur.

De même le mot « noir » ne peut-il sans tromperie s'appliquer à autre chose qu'au noir d'os, la dénomination de « phosphate vert » ne peut-elle s'employer que pour des phosphates naturellement verts, le nom « tourteau animal », que pour désigner un engrais d'origine exclusivement animale et l'adjectif « organique » que pour indiquer un produit provenant exclusivement d'une matière organisée, animale ou végétale.

PROVENANCE. — S'il s'agit d'un produit naturel, soit vendu en nature (guano), soit simplement trié et pulvérisé (phosphates minéraux, sels de potasse, nitrate de soude, etc.) : la provenance est le lieu géographique d'où est tiré le produit.

S'il s'agit d'un engrais fabriqué (superphosphates, scories de déphosphoration, cyanamide, nitrate de chaux, engrais complexes), c'est le nom de l'usine ou de la maison qui le fabrique ou le fait fabriquer.

Composition. — En outre, le vendeur *est tenu d'indiquer la forme sous laquelle se trouvent l'azote* (Az), l'acide phosphorique (P^2O^5) ou la potasse (K^2O) contenus dans l'engrais et il ne peut se servir pour cela que des seules indications suivantes :

Azote nitrique ;

Azote ammoniacal ;

Azote organique ;

Acide phosphorique soluble dans l'eau ;

Acide phosphorique soluble dans le citrate d'ammoniaque ;

Acide phosphorique insoluble ;

Potasse soluble dans l'eau.

Il doit aussi faire connaître la quantité de chacun de ces éléments, contenue dans 100 kilogrammes d'engrais, c'est-à-dire le dosage pour cent, les mots « pour cent » *étant exprimés en toutes lettres :* l'article 3 du décret indiquant dans quelles circonstances le vendeur est dispensé de fournir cette indication.

Afin qu'aucune confusion ne se produise sur la portée de la classification précédente, je vous signale que les mots :

Azote nitrique, désignent l'azote des nitrates et des nitrites ;

Azote organique, désignent l'azote des matières organisées (sang, cuir, laine, cornes, tourteaux, etc.) ;

Azote ammoniacal, désignent l'azote de tous les autres produits azotés (sulfate d'ammoniaque, crud'ammoniac, cyanamide, etc.).

L'adjectif « soluble » peut être employé par abréviation de « soluble dans l'eau », mais ne peut, en aucun cas, signifier « soluble dans le citrate d'ammoniaque » ou « dans les acides ».

En dehors de ces indications, qui sont obligatoires, le vendeur reste évidemment libre de faire connaître que l'engrais contient, en outre, de la potasse insoluble dans l'eau, mais soluble dans les acides étendus. De même, il peut indiquer la teneur en azote total, en acide phosphorique total et en potasse totale, et, enfin, se prévaloir de la présence, dans l'engrais, de tous autres éléments fertilisants tels que : la chaux, le manganèse. le fer, etc.

Enfin, le vendeur est tenu de faire connaître l'origine ou l'indication de la matière première dont proviennent :

L'azote organique, par exemple : sang, cuir, tourteaux, corne torréfiée, corne crue, laine, etc.

L'azote ammoniacal, par exemple : sulfate d'ammoniaque, crud'ammoniac, cyanamide, etc.

La potasse soluble, par exemple : kainite, etc.

Indications à porter sur les étiquettes

Lorsqu'il s'agit d'un engrais ou amendement, il est nécessaire d'indiquer avec soin sur le talon de l'étiquette : le *nom,* la *nature* et la *composition* du produit prélevé, afin que le chimiste chargé de l'analyse du premier échantillon (auquel le procès-verbal n'est pas transmis) puisse reconnaître si les affirmations du vendeur sont conformes à la réalité. En l'absence de ces indications, il lui serait *impossible* de reconnaître qu'une fraude a été commise.

Pour la même raison, la teneur du produit en cuivre métallique doit être indiquée, lorsqu'il s'agit d'un produit cuprique.

Précautions à prendre pour opérer le prélèvement

L'arrêté du 15 mai 1911 contient à cet égard tous

les renseignements utiles et je ne saurais trop insister sur la nécessité qu'il y a de prendre les précautions indiquées, lorsqu'il s'agit de prélever des échantillons de poudres, résultant du mélange de produits différents et dont la composition, malgré une homogénéité apparente, peut être différente dans les divers points. On sait, en effet, que par suite des chocs répétés résultant du transport, les éléments les plus denses d'un mélange se séparent peu à peu pour gagner la partie inférieure des sacs.

Prélèvement d'office

Les prélèvements d'engrais ou amendements et de produits anticryptogamiques peuvent avoir lieu, d'office, en manière de contrôle et sans que le fait puisse être considéré comme résultant d'une suspicion, c'est-à-dire qu'ils peuvent avoir lieu dans les mêmes conditions que pour les boissons et les denrées alimentaires.

Toutefois, comme pour des raisons budgétaires, le nombre doit en être limité, l'Administration préfectorale vous fournira à cet égard les indications utiles.

En conséquence, j'estime que vous devrez, autant que possible, réserver ces prélèvements pour les cas où la demande vous en sera faite par un acheteur (particulier ou syndicat) ayant quelque raison de soupçonner la loyauté de son vendeur, d'autant plus que les pièces dont la copie doit être jointe au procès-verbal, lorsqu'il s'agit d'un prélèvement d'engrais, sont entre les mains de l'acheteur.

SEMENCES ET FOURRAGES CONCENTRÉS

Arrêté du 21 Mars 1908

fixant les mesures à prendre pour le prélèvement des échantillons de semences et fourrages concentrés, en exécution de la loi du 1ᵉʳ Août 1905.

Le Ministre de l'Agriculture,
Le Ministre du Commerce et de l'Industrie,
Vu la loi du 1ᵉʳ août 1905 sur la répression des fraudes dans la vente des marchandises et des falsifications des denrées alimentaires et des produits agricoles ;

. . . .

Arrêtent :

Article premier. — Chaque prélèvement de semences et de fourrages concentrés comporte la prise de quatre échantillons qui doivent être identiques.

Art. 2. — Il est procédé à la prise des échantillons de la façon suivante :

1° *Semences*. — Quand les prélèvements porteront sur de petites quantités, ils se feront à la main ; dans le cas contraire, que la marchandise soit en sacs ou en tas, on se servira de la sonde. Les prises auront lieu à trois niveaux différents : à la surface, au milieu et à la base de la masse.

Après avoir mélangé avec soin les prises sucessives, on formera un échantillon moyen de 1 kilogramme environ, s'il s'agit de grosses graines (blé, sainfoin, betteraves, etc.), et de 500 grammes pour les autres.

Brassé à nouveau à plusieurs reprises, l'échantillon moyen sera réparti en quatre tas bien semblables représentant les quatre échantillons formant le prélèvement. Chacun d'eux sera placé dans un sac en papier ou, mieux, dans un sac en toile à couture intérieure. Ils seront conservés dans un endroit très sec.

2° *Fourrages concentrés (tourteaux, provendes, sons, drêches, etc.).* — Ils se présentent en pains entiers, en fragments ou à l'état de farine. Dans le dernier cas, on procèdera comme pour les farines alimentaires, en constituant des échantillons. de 250 grammes chacun.

Si les tourteaux sont en pains, on s'assurera d'abord que la livraison est uniforme et on prélèvera plusieurs pains dont on détachera, tantôt dans la partie centrale, tantôt sur les bords, des fragments d'une centaine de grammes qu'on divisera ensuite en petits morceaux de 20 à 30 grammes. Après avoir mélangé ces morceaux, on en formera un lot de 2 kilogrammes environ qu'on divisera aussi uniformément que possible en quatre échantillons de 500 grammes ; chacun d'eux sera placé dans un sac en papier ou, mieux, dans un sac en toile à couture intérieure.

. . . .

Circulaire du 6 Mai 1906

relative aux prélèvements de semences, tourteaux et autres fourrages concentrés

Il n'existe pas d'époque pendant laquelle il y ait lieu d'opérer plus particulièrement des prélèvements de tourteaux. Mais, pour faciliter la tâche du laboratoire et répartir autant que possible les analyses, il y aura lieu de prélever de préférence ces produits de juin à décembre, tandis que les prélèvements de semences se feront plus utilement pendant la période d'activité commerciale, c'est-à-dire à peu près du mois de décembre à la fin juin pour la vente en gros, et de février à la même date pour la vente au détail.

Semences

Nature des semences à soumettre à l'analyse. — La diversité des semences du commerce est telle que, dans l'intérêt du but à atteindre, le Service de la répression des fraudes, surtout au début de ses travaux, doit diriger exclusivement son attention sur celles qui donnent lieu aux transactions les plus importantes et sont, en même temps, l'objet des adultérations les plus fréquentes et les plus préjudiciables à l'agriculture française.

Dans les *gares*, sur les *marchés* et chez les *petits marchands,* les agents chargés des prélèvements rechercheront de préférence les espèces suivantes (1) :

Luzerne ;

Trèfle des prés, appelé aussi « trèfle violet » ;

Trèfle blanc ;

Graminées de prairies (ray-grasss, fétuques, dactyles, etc.) ;

Mélanges ou « compositions » pour prairies.

---

(1) *Recommandation importante.* — Pour le trèfle des prés et la luzerne, ne jamais omettre de mentionner au procès-verbal :

1º Le prix des 100 kilogrammes ;

2º L'origine de la marchandise ;

3º Si elle est vendue « décuscutée » ou « non décuscutée ».

Exemple : Luzerne de Provence (de Poitou et de pays) décuscutée, vendue 200 francs les 100 kilogrammes.

Trèfle des prés de Bretagne (du Nord, du Centre, du Midi, de pays) décuscuté, vendu 250 francs les 100 kilogrammes.

Pour les autres semences, indiquer seulement le prix des 100 kilogrammes, sans se préoccuper de l'origine.

Chez les marchands grainiers importants, prélever au moins quatre sortes de semences choisies parmi les espèces suivantes et, de préférence, dans l'ordre indiqué ci-dessous :

Trèfle blanc ;
Lotier corniculé ;
Avoine jaunâtre ;
Fétuque des prés ;
Dactyle pelotonné ;
Vulpin des prés. ;
Pâturin commun ;
Pâturin des prés ;
Flouve odorante ;
Mélanges « compositions » pour prairies.

Lieux de prélèvement. — Les prélèvements de semences devront être exécutés d'abord sur les marchés, — de préférence sur ceux des petites localités, — dans les gares, puis chez les boutiquiers marchands occasionnels de semences et, en dernier lieu, chez les marchands grainiers.

Mode de prélèvement. — L'arrêté du 21 mars 1908 *prévoit l'usage de sondes.* Quand les sondes font défaut, prendre toutes mesures nécessaires pour assurer l'homogénéité des quatre échantillons à prélever.

Pour cela, si l'on opère en présence des intéressés, prendre par exemple deux sacs du lot qui fait l'objet du prélèvement, en renverser le contenu sur le sol préalablement recouvert d'une toile ou d'un papier, mélanger avec soin et prélever les quatre échantillons formant le prélèvement.

. . . .

Tourteaux et autres fourrages concentrés

Les tourteaux de lin et de colza étant plus particulièrement l'objet de falsifications, ce sont ceux sur lesquels il conviendra d'opérer les prélèvements, sans pourtant exclure systématiquement les autres.

Les provendes de toute nature (lactines, pon-
déines, porcines, etc.) sont, par contre, ordinaire-
ment formées de produits de qualité satisfaisante.
Leur principal défaut est d'être vendues à des prix
hors de proportion avec la valeur marchande de
ces produits ; la loi n'ayant pas prévu le cas de
majoration abusive du prix de vente, il nous paraît
sans utilité, actuellement, de s'en occuper.

Pour les prélèvements de tourteaux, les agents de
prélèvement devront se procurer sur place des sacs
en papier fort.

. . . .

Il y a lieu aussi, d'attirer l'attention sur une
fraude qui porte préjudice aux agriculteurs et qui
consiste à soufrer les graines de légumineuses en
les exposant, préalablement humectées, à l'action de
vapeurs sulfureuses qui en produisent la décoloration et leur communiquent ainsi, ou par d'autres
traitements, une fausse apparence de fraîcheur.

Ce traitement amoindrit la vitalité de la graine
dans une mesure variable. L'opération est donc
doublement condamnable, puisqu'elle a pour but de
tromper l'acheteur sur la qualité d'une marchandise
dont elle abaisse encore la valeur.

Dans l'intérêt des cultivateurs, M. le Ministre de
l'Agriculture, recommande de poursuivre cette
fraude avec rigueur.

Elle s'exerce plus particulièrement sur les graines
de luzerne, de minette, de sainfoin et de trèfle
incarnat.

FRUITS ET LEGUMES (Conserves)

(Extrait du décret du 15 Avril 1912)

La dénomination de conserves de fruits et légumes ne peut être accompagnée des qualificatifs *concentré, réduit, extrait* que si la préparation renferme au moins 15 grammes de matières sèches pour 100 grammes de produit.

Haricots, pois. — Les haricots ou pois dits de Birmanie, lorsqu'ils produisent à l'analyse plus de 20 milligrammes d'acide cyanhidrique pour 100 grammes de produit.

Et les haricots ou pois dits de Java sont interdits.

Légumes. — Est également interdite la vente, la détention en vue de la vente et la mise en vente comme fruits frais ou légumes frais de tous les légumes qui ont été soumis au « *trempage* ».

Les haricots ou pois dits de Birmanie, ainsi que ceux dits de Java sont extraordinairement toxiques en raison de ce qu'ils renferment une substance qui, au contact de l'eau, se décompose en donnant naissance à de l'acide cyanhydrique (acide prussique).

Toutefois, parmi les haricots ou pois dits de Birmanie, certaines espèces ne renferment qu'une très faible quantité de matière toxique et on doit les considérer comme « comestibles » lorsque la dose d'acide cyanhydrique qu'elles peuvent produire est inférieure à 20 milligrammes pour 100 grammes de produit.

Mais un essai de laboratoire permet seul de se prononcer, tous ces haricots présentant un aspect semblable, aspect qui est d'ailleurs assez caractéristique pour éveiller les soupçons.

On peut, en effet, distinguer assez facilement ces produits exotiques des haricots ordinaires, car ils n'ont jamais la forme régulière en rognon de ces derniers. En cas de doute sur la nature de haricots de provenance étrangère, le mieux est par conséquent d'opérer aussitôt un prélèvement d'échantillons, en conseillant au détenteur de suspendre la vente du produit suspect jusqu'à ce que le résultat de l'analyse ait été porté à sa connaissance.

Par fruits frais et légumes trempés, l'arrêté vise notamment la vente comme « noix fraîches » de noix plus ou moins sèches, rajeunies par trempage, ce qui, en outre, augmente leur poids, ou de haricots secs comme « haricots frais ». L'arrêté interdit la fabrication des conserves (pois, haricots, flageolets par exemple) avec des légumes secs rajeunis préalablement par trempage et la vente des haricots secs préalablement trempés, en vue de permettre leur cuisson immédiate à la demande même de l'acheteur.

GRAISSES ET HUILES COMESTIBLES

Ces deux denrées ont fait toujours l'objet de règlements communs qui ont depuis leur origine donné lieu à de nombreuses modifications. Nous donnons ceux qui restent applicables, avec les extraits utiles des circulaires explicatives adressées aux agents du service de la répression des fraudes.

Le premier décret se rapportant particulièrement aux graisses et huiles comestibles remonte au 11 mars 1908. Les articles 3, 4 et 7 de ce règlement ont été remplacés par décret du 20 juillet 1910. Nous donnons ci-dessous le premier de ce règlement en y apportant les modifications prescrites par le second.

Décret du 11 Mars 1908
avec modifications prescrites par le décret du 20 Juillet 1910

Le Président de la République Française,
Sur le rapport des Ministres ....
. . . .

Décrète :

- Article premier. — Il est interdit de transporter en vue de la vente, de mettre en vente ou de vendre :

1° Sous le nom de « *saindoux* » tout produit ne provenant pas exclusivement des tissus adipeux du porc ;

2° Sous le nom de « *saindoux pure panne* » tout produit ne provenant pas exclusivement de la panne de porc.

Ces produits sont obtenus par extraction à chaud; ils perdent tout droit à *ces appellations lorsqu'ils ont suivi* ultérieurement une manipulation susceptible de modifier leur composition naturelle ou leur teneur en principes utiles.

Art. 2. — Toute matière grasse comestible concrète à la température de 15 degrés autre que le beurre et le saindoux, vendue à l'état pur, peut être désignée sous le nom de « *graisse* », *mais cette dénomination doit être complétée par l'indication de la matière animale ou végétale d'où la graisse est tirée.*

Tout mélange concret à la température de 15 degrés de matières grasses comestibles pures, concrètes ou fluides, doit être désigné sous une dénomination qui le distingue nettement des graisses pures visées au précédent paragraphe.

Art. 3. (nouveau). — Il est interdit de détenir ou de transporter en vue de la vente, de mettre en vente ou de vendre sous la dénomination d' « *huile d'olive* », de « *noix* », ou de tout autre fruit ou graine, une huile ne provenant pas exclusivement des olives, des noix ou des fruits ou graines indiqués dans ladite dénomination.

« Les huiles alimentaires mises en vente sans indication des fruits ou graines dont elles proviennent, et les mélanges d'huiles destinés à l'alimentation ne peuvent être désignés que sous l'appellation « *huile comestible* » ou « *huile de table* ».

« Ces appellation « *huile comestible* » et « *huile de table* » ne peuvent être suivies d'autres indications que « *blanche* », « *à friture* » « *1°, 2°, 3°...* *qualité* », « *1°, 2°, 3°..... choix* ». L'emploi simultané de ces appellations et d'une marque commerciale n'est autorisé qu'à la condition qu'il ne résulte de l'usage de cette marque aucune confusion entre les les produits désignés sous lesdites appellations et les huiles visées à l'alinéa suivant.

« Les qualificatifs « *vierge* », « *fine* », *surfine* », « *superfine* », « *extra* », « *supérieure* », sont exclusivement réservés aux huiles dont la dénomination fait connaître *les fruits ou graines dont elles proviennent.* »

« Art. 4 (nouveau). — Les dénominations usitées dans le commerce pour désigner les mélanges de graisses, et les appellations « *huile comestible* », « *huile de table* », *lorsqu'elles désignent une huile mélangée, peuvent être accompagnées* de l'indication d'un ou de plusieurs *des éléments constituant le mélange,* mais à la condition que la mention complémentaire fasse connaître exactement *la proportion dans laquelle le ou les éléments dénommés entrent dans le mélange.*

« Les dénominations et mentions ci-dessus prévues doivent *être imprimées en caractères identiques.* »

Art. 5. — Il est interdit à toute personne se livrant au commerce des huiles de faire figurer sur ses étiquettes, marques, factures, papiers de commerce, emballages et récipients, l'indication « *propriétaire à........* », « *oléiculteur à........* », « *négociant à......* » ou « *commerçant à......* », *suivie du nom d'une région ou d'une localité dans laquelle elle ne possède ni propriété, ni culture, ni établissement commercial ou industriel.*

Art. 6. — L'emploi de toute indication ou signe susceptible de créer dans l'esprit de l'acheteur une confusion sur la nature ou sur l'origine des produits visés au présent décret lorsque, d'après la convention ou les usages, la désignation de l'origine attribuée à ces produits devra être considérée comme la cause principale de la vente, est interdit en toutes circonstances et sous quelque forme que ce soit, notamment :

1° Sur les récipients et emballages ;

2° Sur les étiquettes, capsules, bouchons, cachets ou tout autre appareil de fermeture ;

3° Dans les papiers de commerce, factures, catalogues, prospectus, prix courants, enseignes, affiches, tableaux-réclames, annonces ou tout autre moyen de publicité.

Art. 7 (nouveau). — Dans tous les établissements où s'exerce le commerce des graisses et des huiles destinées à l'alimentation, les produits mis en vente ou les récipients et emballages qui les contiennent doivent porter *une inscription indiquant, en caractères apparents, la dénomination sous laquelle ces produits sont mis en vente.* Cette inscription doit être rédigée *sans abréviation* et disposée de façon à *ne pas dissimuler la dénomination du produit.*

L'inscription portée sur les récipients ou emballages dans lesquels la marchandise est livrée doit *indiquer, en caractères apparents, soit le poids net ou le volume, soit le poids brut et la tare d'usage.*

L'obligation édictée par le paragraphe précédent ne s'applique qu'aux marchandises livrées directement au consommateur. »

. . . .

Circulaire du 26 Juillet 1910

Par une circulaire en date du 26 juillet 1910, M. le Ministre de l'Agriculture explique les raisons qui ont entraîné la modification des art. 3, 4 et 7 du décret du 11 mars 1908 et donne les instructions pour en faire l'application. Il s'exprime ainsi :

« Bien que l'article 4 du décret du 11 mars 1908 sur les graisses et huiles comestibles ait interdit l'emploi de toute indication ou signe susceptible de créer une confusion dans l'esprit de l'acheteur, les mélanges d'huiles sont fréquemment mis en vente sous une dénomination ornée de qualificatifs tels que l'acheteur, en général incompétent et mal renseigné, n'hésite pas à croire qu'il s'agit d'huile pure (d'huile d'olive par exemple).

« D'ailleurs, pour achever de convaincre leurs clients de détail, les représentants de certaines maisons laissent entendre que si le mot « *olive* », par exemple, ne figure pas sur l'étiquette du produit qu'ils offrent, c'est uniquement pour éviter les ennuis des prélèvements.

« En effet, la prise d'échantillons d'une huile vendue sans désignation d'espèce, ne présente guère d'intérêt pour le service de la répression des fraudes : l'acheteur ne pouvant être trompé sur la nature d'un produit, du moment qu'il l'achète sans s'être renseigné sur la nature dudit produit.

« Aussi, les prélèvements doivent-ils porter de préférence sur les huiles vendues sous une dénomination qui en garantit la nature (huile d'olive, huile de noix, par exemple), dans le but de rechercher leur falsification par addition d'huiles étrangères ; recherche qui n'a pas sa raison d'être si le produit est mis en vente sans indication de nature (huile comestible, par exemple).

« Pour mettre un terme aux abus dont il s'agit le règlement du 11 mars 1908 vient d'être modifié par un décret en date du 20 juillet 1910.

« Dorénavant, les qualificatifs « *vierge* », « *fine* », « *surfine* », « *superfine* », « *extra* », « *supérieure* », *sont exclusivement réservés aux huiles dont le vendeur fait connaître la nature.* Par exemple : « *huile d'olive vierge* », « *huile d'arachide surfine* », « *huile de noix supérieure* ».

« Quant aux huiles dont la dénomination ne fait pas connaître la nature ou aux mélanges de diverses huiles, ils doivent désormais porter l'une des deux appellations suivantes : « *huile comestible* », « *huile de table* », et, pour distinguer entre elles les diverses qualités, on peut employer les indications suivantes : « *blanche* », « *à friture* », « *1°, 2°, 3°..... qualité* », « *1°, 2°, 3°..... choix* », mais celles-là seulement.

« Toutefois, l'emploi simultané de ces appellations et d'une marque commerciale est autorisé, mais à la condition qu'il ne puisse résulter de l'usage de cette marque aucune confusion entre les produits dont il s'agit et les huiles visées précédemment.

« Ainsi modifié, j'estime que le décret du 11 mars 1908 constitue à l'égard de la production et du commerce des huiles pures (l'huile d'olive, notamment) une protection rigoureuse, car la confusion entre ces produits et les huiles mélangées ou les huiles dont le vendeur se refuse à indiquer l'espèce, ne me paraît plus pouvoir se produire.

« Mais, pour qu'il en soit ainsi, il faut que l'application de l'article 7 du décret du 11 mars 1908, modifié par le décret du 20 juillet 1910, *qui prescrit l'apposition d'une inscription indiquant la dénomination sous laquelle les produits sont livrés ou mis en vente, aussi bien par le commerce de gros que par le commerce de détail des graisses et des huiles alimentaires, soit assuré rigoureusement*, afin que le vendeur ne puisse contester la dénomination de vente dans le cas où un prélèvement serait opéré.

« L'inscription dont il s'agit doit, en outre, *porter l'indication du poids ou du volume de la marchandise* contenue dans le récipient. Afin de préciser la portée de cette inscription, le nouveau décret a spécifié qu'elle visait seulement les récipients dans lesquels la marchandise est livrée au consommateur et non dans ceux dans lesquels elle est livrée aux fabricants ou marchands en gros.

HYDROMELS

Décret du 2 Mai 1911

*portant règlement d'administration publique
en ce qui concerne les « Hydromels »*

Le Président de la République française, .
Sur le rapport des Ministres de la Justice, de l'Intérieur, des Finances, de l'Agriculture, du Commerce et de l'Industrie.

....

....

Le Conseil d'Etat entendu,

Décrète :

Article premier. — Aucune boisson ne peut être détenue, transportée en vue de la vente, mise en vente ou vendue sous le nom d' « *Hydromel* » que si elle provient exclusivement de la fermentation d'une solution de miel dans l'eau potable.

Art. 2. — Ne constituent pas des manipulations ou pratiques frauduleuses, les opérations ci-après énumérées, qui ont uniquement pour objet la préparation régulière ou la conservation de l' « Hydromel » :

l'emploi des levures de vin, de cidre ou de bière ;

l'addition d'acide tartrique ou d'acide citrique purs, à la dose totale maximum de 250 grammes par hectolitre ;

l'addition de phosphate d'ammoniaque cristallisé pur et de phosphate bicalcique pur, dans la mesure indispensable pour permettre une fermentation régulière ;

l'addition de bitartrate de potasse à la dose maximum de 25 grammes par hectolitre ;

les collages au moyen de clarifiants consacrés par l'usage, tels que l'albumine pure, le sang frais, la caséine pure, la gélatine pure ou la colle de poisson ;

l'addition de tanin dans la mesure indispensable pour effectuer le collage au moyen des albumines ou de la gélatine ;

le traitement par l'anhydride sulfureux pur provenant de la combustion du soufre et par les bisulfites alcalins cristallisés purs, à la double condition que l'« hydromel » ne retienne pas plus de 100 milligrammes d'anhydride sulfureux libre ou combiné, par litre, et que l'emploi des bisulfites alcalins soit limité à 10 grammes par hectolitre ;

la coloration au moyen de cochenille ou d'orseille.

Art. 3. — Dans les établissements où s'exerce le commerce des boissons, *les récipients, emballages, casiers ou fûts contenant de l'« hydromel » doivent porter, d'une manière apparente, l'inscription « hydromel »*. Cette inscription n'est pas obligatoire pour les bouteilles ou récipients dans lesquels l' « hydromel » est emporté, séance tenante, par l'acheteur, ou servi par le vendeur pour être consommé sur place.

Le mot « hydromel » doit également figurer en caractères apparents et sans abréviation, sur les factures délivrées aux acheteurs de ce produit.

. . . .

. . . .

Circulaire du 4 Mai 1911

Application du décret du 2 Mai 1911 concernant la fabrication des hydromels

L'insuffisance de la récolte du vin a provoqué la fabrication et la vente de nombreuses boissons économiques.

Rien ne s'oppose à la vente de ces boissons et des poudres, extraits, etc..., qui servent à les préparer, à la condition toutefois que ces produits ne renfer⸗ ment rien de nuisible et que leur dénomination de vente soit telle qu'aucune coufusion ne puisse se produire dans l'esprit de l'acheteur, en ce qui concerne leur nature ou leur composition. C'est ainsi qu'il est interdit de vendre des extraits en indiquant faussement qu'ils proviennent du jus de pomme ou qu'ils peuvent servir à préparer des boissons ayant les caractères et la composition d'une boisson naturelle, telle que le cidre ou la bière.

De plus, les boissons dont il s'agit ne doivent, en aucun cas, être mélangées au vin, au cidre ou à la bière.

Quant à celles qui contiennent de l'alcool, leur fabrication et leur vente sont soumises au régime et droits de l'alcool.

Toutefois, une exception existe en faveur de l'*hydromel*, lequel, considéré comme une boisson naturelle parce qu'il résulte de la fermentation du miel, jouit du régime fiscal de faveur accordé au vin, par exemple.

Cette situation explique le développement considérable pris depuis peu de temps par sa fabrication.

Mais, d'une part on a cherché à fabriquer l'hydromel avec des matières sucrées autres que le miel pur et, d'autre part, on a fabriqué, bien qu'avec du miel pur, des boissons présentant une composition chimique identique à celle du vin, si bien qu'il devenait possible de les mélanger à ce dernier sans que les chimistes puissent s'apercevoir de la supercherie. Il importait donc de réprimer ces abus. Tel est l'objet du décret du 2 mai 1911.

L'article premier spécifie que l'*hydromel* ne peut être fabriqué qu'avec une solution de miel dans l'eau potable : le miel employé étant le produit défini par l'article 5 du décret du 19 décembre 1910, à l'exclusion du miel de sucre ou des miels artificiels ou de fantaisie.

L'article 2 contient une liste limitative des opérations qui, ayant uniquement pour objet la préparation par fermentation régulière ou la conservation de l'*hydromel*, ne peuvent être considérées comme frauduleuses.

C'est ainsi que ce texte admet l'addition d'un peu d'acide tartrique ou d'acide citrique purs et de très petites quantités de phosphate d'ammoniaque et de bitartrate de potassium, parce que ces substances sont indispensables au développement normal des levures.

Le même article admet aussi la coloration de l'*hydromel* en rouge au moyen de la cochenille ou de l'orseille (colorants inoffensifs). Il n'en fait pas une obligation. Il serait cependant désirable que l'*hydromel* fût ainsi coloré, car, dès lors, on ne pourrait le mélanger à du vin blanc ; d'autre part, si on le mélangeait à du vin rouge, la présence du colorant suffirait à l'analyse pour reconnaître cette fraude avec certitude.

L'article 3 du décret oblige les négociants à placer une inscription portant, en caractères apparents, le mot *hydromel* sur tous les récipients, emballages, casiers ou fûts qui contiennent cette boisson.

Le mot hydromel *doit également figurer, en caractères apparents et sans abréviation, sur les factures délivrées aux acheteurs de ce produit.* Cette dernière disposition a été insérée dans le décret, afin de mettre fin à la tromperie qui consiste à facturer l'*hydromel* de telle façon que l'acheteur, non prévenu, peut croire qu'il s'agit d'un certain vin.

LAIT

(Voir arrêté du 1er Août 1906, à la page 29)

Le lait est un des produits alimentaires qui se prêtent le mieux à la fraude par l'addition d'eau.

Avant la loi du 1er août 1905, la vérification du lait, mis en vente, se faisait au moyen de divers appareils dont le plus en usage était le lactodensimètre. L'agent chargé de vérifier le lait en mettait dans un tube en verre gradué une certaine quantité. Il plongeait ensuite dans le liquide le lactodensimètre qui donnait un certain degré, puis, après avoir pris la température, il déterminait, au moyen d'un barême, la densité du lait. Si cette dernière atteignait un chiffre inférieur à 28°, le lait était déclaré falsifié, il était saisi, répandu et le vendeur poursuivi n'avait aucun élément de défense contre l'inculpation dont il était l'objet.

Cette manière de procéder présentait d'incontestables avantages. Toutefois, il importe de n'attacher aux indications du lactodensimètre qu'une confiance limitée, en ce sens qu'un lait mouillé et écrémé, c'est-à-dire doublement falsifié, peut paraître normal si l'on considère seulement sa densité.

La crème est plus légère que le lait puisqu'elle monte à la surface : donc, si on enlève au lait cette matière légère (écrémage), la densité du lait augmente.

Par contre, si on ajoute de l'eau, qui est plus légère que le lait, la densité du lait ainsi mouillé diminue.

Ainsi, l'écrémage et le mouillage simultanés peuvent ne pas modifier la densité du lait, en raison de la compensation qui se produit.

Par conséquent, les indications du lactodensimètre, qui sont basées sur la densité du lait, ne sont probantes que si le lait est écrémé seulement, ou seulement mouillé.

Mais, quand la densité est normale, cela ne prouve pas que le lait soit bon, puisqu'il peut y avoir eu mouillage en même temps qu'écrémage.

Dès lors, il est nécessaire d'attacher une grande importance à la quantité de crème et il faut prélever des échantillons sans hésiter lorsque le lait, bien qu'ayant une densité normale, paraît écrémé, ce dont on peut se rendre compte assez facilement par la teinte et le goût du produit.

Le mieux serait, évidemment, dans les cas de ce genre, de déterminer exactement la teneur du lait en beurre, mais c'est là une opération qui, même avec certains appareils rapides, me paraît ne pouvoir se faire convenablement qu'au Laboratoire.

En résumé, on voit qu'il y a lieu de procéder au prélèvement :

1° Quand le lait présente une densité anormale ;

2° Quand, la densité étant normale, le lait paraît écrémé.

Ainsi qu'on peut s'en rendre compte par ce qui précède, l'ancien procédé qui était appliqué dans les villes et dans certaines localités importantes par des agents municipaux ne pouvait donner que des résultats fort approximatifs.

Les moyens appliqués depuis la loi du 1er août 1905 ont remédié à cet état de choses. Les prescriptions des mesures à prendre pour prélever cette denrée sont inscrites dans l'arrêté du 1er août 1906, page   .

Pour le lait stérilisé, il est prélevé une bouteille ou une carafe d'un demi-litre par échantillon.

Au cours des prélèvements l'agent qui y procède doit demander au vendeur si son produit a été trait du jour ou de la veille, s'il est mélangé avec celui de la veille et s'il provient de plusieurs écuries, c'est-à-dire s'il a été acheté à d'autres vendeurs. Dans ce dernier cas, il doit, autant que possible, prélever chez ces derniers, des échantillons de comparaison et le signaler au laboratoire.

POISSONS. SARDINES (CONSERVES)

Extrait du décret du 15 Avril 1912

Sardines. — Il demeure interdit de détenir en vue de la vente, de mettre en vente ou de vendre sous le nom de « *sardines* » des poissons frais ou conservés autres que l' « *alosa pilchardus* ». Cette interdiction s'applique notamment au « *spratt* ».

Huiles. — Dans les cas où l'huile comestible ayant servi à la cuisson des poissons est d'une autre nature que celle dans laquelle lesdits poissons sont conservés, il est interdit de faire suivre, *dans la dénomination servant à désigner ces conserves, le nom de l'huile employée du mot « pure », ni d'aucun des qualificatifs réservés aux huiles pures* par le décret du 20 juillet 1910.

La fraude qui consiste à donner le nom de « sardines » à beaucoup de poissons de moindre valeur (le spratt ou le brisling par exemple), s'étant généralisé, bien que des condamnations aient été prononcées par les tribunaux, il a paru nécessaire de viser expressément son cas afin de bien préciser le caractère délictueux de cette pratique, qui porte à l'industrie sardinière française le plus sérieux préjudice.

Il est illicite d'employer les appellations « *truites* », « *thon* », « *saumon* », etc., *pour désigner des poissons quelconques*. L'emploi de *telles dénominations* constitue *une tromperie caractérisée* sur la nature de la marchandise, visée par la loi elle-même.

Sans employer les appellations « sardines », « truites », « thon », etc., le vendeur s'efforce parfois de conserver le bénéfice des dites appellations en léur substituant des noms dérivés ou des noms analogues, tels que « *tzardines* », « *truitelles* », etc..., cette façon de procéder tombe sous le coup de l'art. 6 du décret du 15 avril 1912, car de pareilles dénominations ont nécessairement pour but de produire une confusion dans l'esprit de l'acheteur sur la nature du produit qui lui est offert.

On sait que les sardines, avant d'être placées dans les boîtes pour y être couvertes d'huile, sont préalablement frites par trempage dans de l'huile bouillante. Lorsque la friture a eu lieu, dans de l'huile d'olive et que les sardines sont conservées également dans de l'huile d'olive, la conserve peut être dénommée « *conserve à l'huile d'olive pure* ». Mais si la friture a eu lieu dans une autre huile, l'huile d'arachide, par exemple, le qualificatif « *pure* » ne peut plus être employé pour désigner l'huile d'olive dans alquelle baignent les poissons. Une distinction est ainsi possible entre des produits dont la valeur commerciale est notamment différente.

SUCRERIE, CONFISERIE, CHOCOLATERIE

Décret du 19 Décembre 1910

portant règlement d'administration publique en ce qui concerne les produits de la sucrerie, de la confiserie et de la chocolaterie.

Ce décret d'une très grande importance vise dans les produits énoncés ci-dessus :

Les glucoses, miels, confitures, gelées, marmelades, cacaos, suc de réglisse, les emballages de ces produits et les matières autorisées pour leur coloration. Son application a motivé des explications aux agents de prélèvement ; elles font l'objet de deux circulaires ministérielles en date du 19 décembre 1910 et 19 juillet 1911, dont nous donnons à la suite du décret les passages les plus intéressants.

1° Décret

Le Président de la République française,

Sur le rapport des Ministres de la Justice, de l'Intérieur, des Finances, de l'Agriculture, du Commerce et de l'Industrie,

Le Conseil d'Etat entendu,

Décrète :

TITRE PREMIER

Sucres, glucoses, miels

I. — SUCRES

Article premier. — La dénomination « *sucre raffiné* » est réservée au sucre en grains, en pains, en tablettes ou en morceaux, contenant au moins

99 gr. 5 de saccharose pour 100 grammes de produit sec, ainsi qu'aux semoules et poudres qui en proviennent.

La dénomination « *sucre blanc cristallisé* » est réservée au sucre contenant plus de 98 et moins de 99,5 p. 100 de saccharose.

Les dénominations « *sucre de bas tirage, sucre roux* » sont réservées au sucre renfermant plus de 85 et moins de 98 p. 100 de saccharose.

La dénomination « *cassonade* » est réservée au sucre brut de canne.

La dénomination « *candi* » ou « *maillettes* » est réservée à la saccharose obtenue en gros cristaux, par cristallisation lente des dissolutions de sucre.

Les dénominations « *vergeoise, bâtarde* » sont réservées aux produits inférieurs, à l'état solide, provenant du raffinage du sucre.

La dénomination « *mélasse* » est réservée aux produits inférieurs, à l'état liquide, provenant de la fabrication ou du raffinage des sucres de canne ou de betteraves.

La dénomination « *sucre interverti* » est réservée au produit obtenu par la transformation du sucre en un mélange de glucose et de lévulose.

Le sucre interverti ne doit pas renfermer plus de 20 p. 100 de sucre non interverti, de 25 p. 100 d'eau, ni plus de 0,5 p. 100 de matières minérales. Il ne doit renfermer aucune substance toxique. Son acidité maximum doit correspondre à 35 centigrammes d'acide sulfurique pour 100 grammes de produit.

Art. 2. — Il est interdit de détenir ou de transporter en vue de la vente, de mettre en vente ou de vendre, pour l'alimentation humaine, des mélasses contenant soit des substances toxiques, soit plus de 12 p. 100 de matières minérales quelconques.

Art. 3. — Ne constitue pas une falsification la coloration artificielle des sucres dans les conditions déterminées par les arrêtés ministériels prévus à l'article 27 du présent règlement.

II. — GLUCOSES

Art. 4. — La dénomination « *glucose massée* » est réservée à la matière sucrée obtenue par saccharification des matières amylacées au moyen d'un acide, présentant une acidité maximum correspondant à 5 décigrammes d'acide sulfurique pour 100 grammes de produit, contenant au plus :

25 p. 100 d'eau,

15 p. 100 de dextrine,

1,5 p. 100 de matières minérales,

et ne contenant aucune substance toxique.

Les dénominations « *glucose cristal, sirop cristal* » sont réservées à la matière sucrée obtenue par saccharification des matières amylacées au moyen d'un acide, présentant une acidité maximum correspondant à 2 décigrammes d'acide sulfurique pour 100 grammes de produit, contenant au plus :

25 p. 100 d'eau,

45 p. 100 de dextrine,

1 p. 100 de matières minérales,

et ne contenant aucune substance toxique.

La dénomination « *maltose* » est réservée a la matière sucrée obtenue par saccharification des matières amylacées par voie biologique.

III. — MIELS

Art. 5. — La dénomination « *miel* » s'applique exclusivement au miel produit par les abeilles.

Toutefois, lorsque, pendant la période normale de production du miel, les abeilles ont été nourries à l'aide du sucre ou de substances sucrées autres que le miel, le produit obtenu ne peut être désigné que sous la dénomination « *miel de sucre* ».

La dénomination « *miel* » ne peut être employée

pour désigner *un miel caramélisé par chauffage* ou contenant plus de 25 p. 100 d'eau.

Art. 6. — N'est pas considérée comme une falsification l'addition au miel de matières sucrées alimentaires, mais à la condition que ces matières soient pures. Ce mélange ne peut être désigné que sous la dénomination « *miel artificiel ou miel fantaisie* ».

Il peut être coloré dans les conditions fixées par les arrêtés prévus à l'article 27 du présent décret.

Art. 7. — Le qualificatif « *pur* » ou l'indication d'une région d'origine ne peut s'appliquer qu'au miel produit par les abeilles, à l'exclusion du miel de sucre.

TITRE II

Confiserie

Art. 8. — Les produits de la confiserie auxquels s'appliquent les dispositions du présent titre comprennent : les fruits confits, les pâtes de fruits et les sucreries.

Sont considérées comme « *sucreries* » toutes les préparations alimentaires dans lesquelles le sucre constitue l'élément dominant, à l'exclusion des confitures, gelées et marmelades.

Art. 9. — Ne sont pas considérés comme des falsifications, en ce qui concerne les produits visés au présent titre :

1° L'emploi de matières sucrées autres que la saccharose (miel, sucre interverti, glucose massée, glucose cristal, maltose), *à condition que rien, dans la dénomination employée ou dans les mentions qui l'accompagnent, ne puisse laisser supposer que les produits ont été préparés exclusivement au sucre ;*

2° L'emploi du talc dans la limite de 1 gramme par kilogramme du produit et à la condition que cette substance serve exclusivement à en saupoudrer la surface ;

3° La présence de faibles quantités de cire, de blanc de baleine, d'huiles végétales, de vaseline ou de paraffine pures, de fécule ou d'amidon, par suite de l'emploi de ces substances pour la préparation de la surface des appareils de fabrication en contact avec les produits ;

4° L'emploi, dans la préparation des dragées et pralines, d'amidon, de dextrine ou de matières amylacées, mais dans une proportion inférieure à 4 grammes de dextrine ou d'amidon pour 100 grammes de l'enrobage. Lorsque cette proportion est dépassée, les produits ainsi préparés doivent être désignés sous les dénominations « *dragées-farine, pralines-farine, demi-farine, deux tiers farine, trois quarts farine* », suivant les proportions de matières amylacées employées dans l'enrobage desdites dragées ou pralines ;

5° La substitution totale ou partielle de gélatine, de gélose, d'empois de fécule ou d'amidon, à la gomme ou au blanc d'œuf, dans les produits fabriqués habituellement avec de la gomme ou du blanc d'œuf, mais à la condition que la dénomination des produits ainsi préparés ne contienne pas le mot « *gomme* » et soit suivie immédiatement du qualificatif « *fantaisie* » ;

6° La coloration, dans les conditions fixées par les arrêtés ministériels prévus à l'article 27 du présent décret.

Toutefois, en ce qui concerne les sucreries contenant du suc de réglisse, la partie colorée des produits devra renfermer au moins 4 p. 100 de suc de réglisse ;

7° La décoloration par l'acide sulfureux des fruits destinés à être confits ;

8° L'aromatisation, à l'aide de produits naturels ou synthétiques, dans les conditions fixées par les arrêtés ministériels prévus à l'article 27 du présent décret.

Toutefois, dans le cas où l'aromatisation est obtenue, même partiellement, avec un parfum synthétique, si le nom d'un parfum naturel ou d'un fruit parfumé figure dans la dénomination, celle-ci doit être accompagnée de la mention « *arome artificiel* ».

Art. 10. — Est autorisé l'emploi de l'or, de l'argent, de l'aluminium purs, pour la métallisation des sucreries.

TITRE III

Confitures, gelées, marmelades

Art. 11. — Les dénominations « *confiture de....., gelée de....., marmelade de.....* », suivies de l'indication d'un nom de *fruit*, sont réservées aux produits obtenus exclusivement avec du sucre raffiné, du sucre cristallisé, de la cassonade ou du sucre roux et des fruits ou jus de fruits, frais, ou conservés dans les conditions fixées à l'article 15 du présent décret.

Ont seuls droit à la mention « *pur fruit et sucre* », les produits ainsi définis.

Art. 12. — Ne sont pas considérées comme des falsifications des produits définis à l'article 11 ci-dessus :

1° L'addition d'acide tartrique ou d'acide citrique purs dans la limite de 2 grammes par kilogramme de produit ;

2° L'addition de cochenille en vue d'en aviver la couleur.

Mais les produits qui ont subi ces additions perdent tous droits à l'appellation « *confiture pur fruit* ».

Leur dénomination peut toutefois être accompagnée de la mention « *pur sucre* ».

Lorsque l'addition d'acide tartrique ou d'acide

citrique purs dépasse la limite de 2 grammes par kilogramme de produit, la dénomination employée doit être immédiatement suivie du mot « *fantaisie* » ou « *acidulé* ».

Art. 13. — Ne sont pas considérées comme des falsifications, en ce qui concerne les confitures, gelées et marmelades visées aux articles 11 et 12 ci-dessus :

1° La substitution partielle ou totale au sucre d'une autre matière sucrée alimentaire, mais à la condition que la dénomination soit immédiatement suivie du mot « *fantaisie* » ou « *glucosé* », ou de tout autre qualificatif indiquant cette substitution ;

2° La coloration, par d'autres matières colorantes que la cochenille, dans les conditions fixées par les arrêtés ministériels prévus à l'article 27 du présent décret, mais à la condition que la dénomination soit immédiatement suivie du mot « *fantaisie* » ou « *coloré* » ;

3° L'aromatisation, par addition d'essences naturelles ou artificielles, dans les conditions fixées par les arrêtés ministériels prévus à l'article 27 du présent décret, mais à la condition que la dénomination soit immédiatement suivie du mot « *fantaisie* » ou « *arome artificiel* » ;

4° L'addition de gélose, de gélatine, de gomme ou d'empois, mais à la condition que la dénomination soit immédiatement suivie de l'indication du produit ajouté.

Toutefois, la dénomination doit être immédiatement suivie du qualificatif « *artificiel* », lorsque le produit est à la fois acidulé, coloré, aromatisé artificiellement et qu'il a subi l'addition de l'un des produits visés au paragraphe 4 du précédent article.

Art. 14. — Il est interdit de détenir ou de transporter en vue de la vente, de mettre en vente ou de vendre, sous les *dénominations indiquées aux arti-*

cles 11 et 12 qui précèdent, des confitures, gelées et marmelades contenant plus de 40 grammes d'eau pour 100 grammes de produit.

Art. 15. — Il est interdit d'employer dans la fabrication des confitures, gelées et marmelades, des fruits, parties de fruit ou jus de fruits conservés par *addition d'un produit antiseptique.*

Exception est faite pour l'acide sulfureux, qui peut être employé à la conservation des fruits ou parties de fruits desséchés, dans la limite de 100 milligrammes par kilogramme de produit sec.

TITRE IV

Cacaos et chocolats

Art. 16. — La dénomination « *pâte de cacao* » est réservée à la pâte obtenu par l'écrasement des amandes de cacao torréfiées, décortiquées et dégermées, de façon à ne pas contenir plus de 2 p. 100 de débris de coques et de germes, privée ou non d'une partie de sa matière grasse par expression à chaud, additionnée ou non de beurre de cacao.

Art. 17. — Les dénominations « *cacao en poudre, poudre de cacao* » sont réservées au produit obtenu par la pulvérisation, après dégraissage partiel, de la pâte de cacao.

Art. 18. — N'est pas considérée comme une falsification l'addition aux amandes de cacao destinées à la préparation de la poudre de cacao, de carbonates alcalins ou d'alcalis, à la condition que la quantité ajoutée ne dépasse pas 5 gr. 75 de carbonate de potassium ou une quantité équivalente d'un autre carbonate alcalin par 100 grammes de cacao supposé sec et dégraissé et que la poudre ainsi obtenue ait conservé, sans addition d'aucune substance susceptible de l'acidifier, une réaction légèrement acide.

La dénomination employée pour désigner les produits visés au présent article doit être accompagnée du mot « *solubilisé* ».

Le qualificatif « soluble » ne peut être ajouté à la dénomination des poudres de cacao visées soit à l'article 17 ci-dessus, soit au présent article.

Le qualificatif « *pur* » s'applique exclusivement au produit défini à l'article 17 ci-dessus, ainsi qu'à ce même produit solubilisé sans addition de substances chimiques.

Art. 19. — La dénomination « *beurre de cacao* » est réservée à la matière grasse extraite des amandes de cacao ayant subi ou non le traitement destiné à la préparation des poudres de cacao solubilisé.

Art. 20. — Les dénominations « *chocolat, cacao sucré* » sont réservées au produit obtenu par le mélange de sucre et de pâte de cacao ou de poudre de cacao en proportion telle que 100 grammes du produit contiennent au moins 32 grammes de pâte ou de poudre de cacao.

Art. 21. — Doivent porter la dénomination « *sucre au chocolat, sucre chocolaté* » ou « *sucre au cacao* », les mélanges de sucre et de pâte de cacao ou de poudre de cacao contenant moins de 32 grammes de pâte ou de poudre de cacao pour 100 grammes de produit.

Art. 22. — Ne sont pas considérées comme des falsifications, en ce qui concerne les produits visés au présent titre :

1° L'addition de matières aromatiques naturelles ou artificielles, dans les conditions fixées par les arrêtés ministériels prévus à l'article 27 du présent décret.

Toutefois, lorsque l'arome est dû, même en partie, à des matières aromatiques artificielles, si le nom d'un parfum naturel figure dans la dénomination, celle-ci doit être accompagnée de la mention « *arome artificiel* » ou du mot « *vanilliné* » ;

2° L'addition de matières sucrées alimentaires autres que le sucre, de matières amylacées ou de matières comestibles quelconques, mais à la condition que la dénomination soit suivie d'une mention faisant connaître la quantité et la nature des matières ajoutées.

Toutefois, les dénominations « *chocolat lacté* », « *chocolat au lait* », « *cacao lacté* », « *cacao au lait* » peuvent être employées pour désigner les produits contenant 15 p. 100 au moins de matières solides obtenues par l'évaporation du lait pur, ou non ;

3° L'emploi de pâte ou de poudre de cacao solubilisé dans les conditions visées par l'article 18 du présent décret, mais à la condition que la dénomination soit suivie du mot « *solubilisé* » ;

4° Le vernissage des objets en chocolat au moyen de gomme laque ou de benjoin.

Art. 23. — Les sucreries enrobées dans une couverture de chocolat peuvent être désignées sous une dénomination comprenant les mots « *au chocolat* », à la condition que ladite couverture soit constituée exclusivement par du chocolat.

Toutefois, n'est pas considérée comme une falsification, l'incorporation au chocolat de couverture de matières comestibles quelconques, dans la limite de 5 p. 100 du poids total de cette couverture.

TITRE V

Suc de Réglisse

Art. 24. — La dénomination « *suc de réglisse* », accompagnée ou non du qualificatif pur. est réservée au produit obtenu par extraction de tout ou partie des matières solubles contenues dans la racine de réglisse et contenant au plus 15 p. 100 d'eau.

Ce produit peut seul être désigné sous le qualificatif « *pur* ».

Art. 25. — Ne sont pas considérées comme des falsifications :

1° L'addition au suc de réglisse de produits aromatiques, dans les conditions déterminées par les arrêtés ministériels prévus à l'article 27 du présent décret ;

2° L'addition de matières sucrées alimentaires ou de gomme, à condition que le produit contienne encore 6 p. 100 de glycyrrhizine.

Toutefois, la dénomination du produit ainsi additionné ne peut plus être accompagnée du qualificatif « pur » ;

3° L'addition de matières sucrées alimentaires, de gomme, de matières féculentes et de dextrine.

Ce mélange peut encore être désigné sous l'appellation « *suc de réglisse* », à la condition qu'il contienne au moins 1,5 p. 100 de glycyrrhizine.

La dénomination employée doit être accompagnée d'un qualificatif faisant connaître la nature des produits ajoutés.

TITRE VI

Dispositions générales

Art. 26. — Il est interdit d'employer, pour les enveloppes, emballages et récipients en contact direct avec les produits visés au présent décret, de l'étain contenant plus de 1/2 p. 100 de plomb ou plus de 3 p. 100 de tout autre métal.

Art. 27. — Est interdit l'emploi dans la fabrication des produits visés par le règlement :

1° De matières colorantes autres que celles dont l'usage est déclaré licite et dont le mode d'emploi est réglementé par arrêtés pris de concert par les Ministres de l'Agriculture et de l'Intérieur, sur l'avis du Conseil supérieur d'hygiène publique de France et de l'Académie de médecine ;

2° De produits chimiques aromatiques autres que ceux autorisés dans les conditions ci-dessus.

Art. 28. — Dans les établissements où s'exerce le commerce des marchandises visées au présent décret, les produits mis en vente ou les récipients ou emballages qui les contiennent doivent porter une inscription indiquant, en caractères aparents, la dénomination accompagnée des mentions et qualificatifs prévus aux articles 1, 4, 5, 6, 9, 11, 12, 13, 16, 17, 18, 20, 21, 22, 23 24 et 25 du présent décret sous laquelle ces produits sont mis en vente.

Ces mentions et qualificatifs doivent être rédigés sans abréviations qui soient de nature à tromper l'acheteur sur leur signification et inscrits en caractères de dimensions au moins égales à la moitié des dimensions des caractères les plus grands figurant dans l'inscription et de même apparence typographique.

En ce qui concerne les chocolats, ces mentions et qualificatifs doivent être imprimés par moulage dans la pâte de chacune des tablettes ou divisions de tablettes, d'un poids supérieur à 10 grammes, délivrés isolément, sans enveloppe, à l'acheteur au détail.

L'inscription portée sur les récipients ou emballages dans lesquels la marchandise est livrée au consommateur doit indiquer, en caractères apparents, soit le poids net, soit le poids brut et la tare d'usage. Cette inscription n'est pas obligatoire pour les récipients ou emballages contenant exclusivement des produits vendus à la pièce.

Art. 29. — L'emploi de toute indication ou signe susceptible de créer dans l'esprit de l'acheteur une confusion sur la nature ou sur l'origine des produits visés au présent décret lorsque, d'après la convention ou les usages, la désignation de l'origine attribuée à ces produits devra être considérée comme la cause principale de la vente, est interdit en toutes circonstances et sous quelque forme que ce soit, notamment :

1° Sur les récipients et emballages ;

2° Sur les étiquettes, capsules, bouchons, cachets ou tout autre appareil de fermeture ;

3° Dans les papiers de commerce, factures, catalogues, prospectus, prix-courants, enseignes, affiches, tableaux-réclames, annonces, ou tout autre moyen de publicité.

Voir pour la conservation, la coloration et emballage, le décret, l'arrêté du 28 juin 1912, et la circulaire du 3 août 1912, pages 73 et 82.

Circulaire du 19 Décembre 1910

Application du règlement du 19 Décembre 1910, concernant les produits de la sucrerie, de la confiserie et de la chocolaterie.

L'application de la loi du 1er août 1905, complétée par la loi du 5 août 1908, comporte la publication d'une série de décrets donnant la définition des produits auxquels elle s'applique.

Cette définition doit être basée sur les usages loyaux du commerce. Elle doit être accompagnée de l'indication des opérations susceptibles d'apporter des modifications à la composition des produits, en faisant deux catégories de ces opérations :

1° Celles auxquelles on ne saurait attacher aucun caractère frauduleux et qui peuvent être considérées comme de simples variantes apportées au mode habituel de préparation ;

2° Celles qui modifient la composition des produits (parfois sans changer leur aspect) et les écartent suffisamment du type normal pour que l'acheteur puisse les considérer comme déloyales lorsque le vendeur n'a pas pris le soin de les lui faire connaître.

Les règlements doivent, en outre, énumérer certaines opérations dont le caractère est toujours frauduleux, afin qu'aucun doute ne puisse subsister à leur égard.

Enfin, ils doivent prescrire un certain nombre de mesures destinées à réglementer l'usage des dénominations dont la signification est donnée et à assurer la loyauté des transactions.

Le décret du 19 décembre 1910 est rédigé dans cet esprit. Il s'applique aux *produits de la sucrerie, de la confiserie et de la chocolaterie.*

Les indications suivantes m'ont paru nécessaires pour vous permettre de faire une juste et rigoureuse application des dispositions de ce nouveau règlement :

TITRE I

I. SUCRES

1. Aucune distinction n'est faite entre les sucres de canne et les sucres de betteraves, en raison du peu d'intérêt que présente actuellement cette distinction. Toutefois, le nom de *cassonade* est réservé par le décret au sucre brut de canne. (Voir circulaire du 19 juillet 1911).

On a simplement fait une classification des produits tels qu'ils se trouvent dans le commerce.

Quant au *sucre interverti,* qui s'obtient en chauffant le sucre avec un acide, c'est une espèce relativement nouvelle, qui n'entre pas directement en consommation et remplace parfois le miel dans la fabrication des pâtisseries telles que le pain d'épices.

2. A l'égard des mélasses, il y avait lieu de

prendre certaines précautions, car le raffinage peut comporter l'emploi de produits toxiques. D'autre part, certaines mélasses doivent être considérées comme inconsommables, en raison de ce que toutes les matières minérales de la betterave (nitrates, notamment) se sont accumulées dans ce résidu ultime de la fabrication. L'article 2 a fixé une limite au taux de ces dernières.

3. Il est d'usage d'azurer le sucre avec une matière bleue, laquelle n'intervient jamais qu'en quantité extrêmement faible. De même, certains fabricants blondissent les sucres candis. Ces pratiques sont inoffensives, à condition que l'azurage ou le blondissage soient obtenus avec les matières indiquées à cet effet par l'arrêté du 19 décembre 1910.

4. Le sucre blanc est fréquemment mis en vente en morceaux réguliers, en caisses, en boîtes ou en paquets de 1 kilogramme notamment.

Ces emballages devront désormais porter l'indication apparente, soit du poids net du sucre contenu, soit du poids brut avec la tare d'usage, c'est-à-dire le poids de l'emballage. Toutefois, pour ce dernier, une indication approximative suffit (en raison de ce qu'il ne paraît pas possible d'exiger du fabricant la pesée exacte de chaque emballage), tandis que le poids brut peut être donné avec une certaine exactitude. Il en est de même en ce qui concerne le poids net.

Le fait que les caisses, boîtes ou paquets détenus dans un établissement de vente ont, en général, un poids notablement inférieur à celui indiqué, *constitue une infraction à la loi.* Il demeure entendu que la constatation ne doit pas porter sur une ou deux caisses, boîtes ou paquets, mais sur un nombre assez grand pour que le vendeur ne puisse prétendre qu'il s'agit d'un fait accidentel.

Les mêmes observations s'appliquent aux autres produits visés par le décret.

II. GLUCOSES

5. Quand on traite l'amidon d'une céréale quelconque ou la fécule de pomme de terre par un acide, la matière amylacée se transforme en une matière sucrée : le glucose, qui se vend, soit à l'état de sirop concentré (*sirop cristal*), soit à l'état solide (*glucose massé*) obtenu par évaporation du sirop de glucose.

Au cours de l'opération dite « saccharification », une partie de l'amidon reste partiellement transformée en une matière intermédiaire : *la dextrine.*

Il s'agit par conséquent de produits industriels. Le décret indique quels sont les caractères auxquels ils doivent répondre pour pouvoir être considérés comme « *glucose massé* » ou comme « *sirop cristal* » propres à la consommation.

6. Le *maltose* est une matière sucrée différente, mais qu'on classe nécessairement à côté du glucose parce qu'elle a même origine, même aspect, et qu'elle est employée aux mêmes usages que lui. Elle est de saveur un peu moins sucrée que le glucose et coûte plus cher que ce dernier, mais c'est une matière plus pure. Elle ne doit pas être confondue avec le glucose.

III. MIELS

7. Le décret réserve exclusivement le nom de « *miel* » au produit récolté par les abeilles et emmagasiné par elles dans les rayons de la ruche.

Lorsque l'apiculteur installe intentionnellement des ruches dans un endroit où les abeilles ne trouvent qu'une nourriture insuffisante et les amène, ainsi, à prendre du sucre ou du glucose mis à dessein et en abondance à leur disposition, le produit obtenu n'est plus à proprement parler du « *miel* ». Afin de décourager cette industrie déloyale, le décret impose la dénomination spéciale de « *miel de sucre* » à ce produit, à l'exemple de ce qui a été fait en Suisse où l'industrie apicole est, comme on sait, très développée.

Toutefois, il y avait lieu de faire une réserve en ce qui concerne le « nourrissement ». Pendant la saison froide, il est, en effet, légitime de fournir du sucre aux abeilles, puisque l'exploitation de la ruche consiste dans l'enlèvement du miel qu'elles avaient accumulé pour leur usage, en prévision de la mauvaise saison.

Le miel est souvent extrait des rayons, où il se trouve à l'état de sirop très fluide, par centrifugation. On peut ainsi conserver les rayons intacts et les replacer dans la ruche. Lorsqu'on veut, au contraire, utiliser la cire dont ils sont formés, on écrase les rayons dans un récipient chauffé au bain-marie ou à la vapeur, de façon à produire la fusion de la cire qui se réunit sous forme de gâteau à la surface du miel fondu. Mais on évite de surchauffer pour ne pas altérer la couleur et l'arome du miel.

Un produit surchauffé, caramélisé, ne peut plus porter la dénomination de « *miel* ».

8. Quant aux mélanges de miel et de sucre interverti ou de glucose, il n'y a évidemment aucun inconvénient à les laisser vendre, mais le décret leur impose l'une ou l'autre des dénominations : « *miel artificiel* », « *miel fantaisie* ».

De même, il n'y a aucun inconvénient à laisser colorer ces mélanges, ainsi que les sucreries, en général, avec l'un des colorants énumérés dans l'arrêté du 19 décembre 1910, annexé au décret. Cette coloration permettrait même, le cas échéant, de déceler leur addition au miel pur, qui, lui, ne doit pas être coloré artificiellement.

Mais l'opération inverse, la décoloration, au moyen d'acide sulfureux ou de bisulfite, est interdite, et doit être considérée comme une falsification destinée à masquer la mauvaise qualité du produit.

TITRE II

CONFISERIE

(Voir circulaire du 19 juillet), page 173

9. La confiserie est, peut-on dire, la cuisine du sucre. Les produits de cette industrie sont donc variés à l'infini.

Cependant, on a pu distinguer, dans les titres III et IV du décret, deux groupes de produits distincts : les confitures et les chocolats, pour lesquels il a été possible de donner des définitions.

Le titre II vise donc tous les produits de la confiserie autres que les confitures et les chocolats. Son caractère est très général. Les espèces qu'il vise sont trop nombreuses pour qu'il ait été possible de formuler utilement des définitions.

On peut cependant, pour l'intelligence du texte, classer approximativement ces produits de la façon suivante :

1° *Bonbons* (berlingots, sucre d'orge, bonbons anglais, caramels, sucre de pomme, bonbons acidulés, etc...), qui sont constitués par du sucre cuit, coloré, parfumé, aromatisé et, parfois, acidulé avec de l'acide tartrique, citrique ou de la crème de tartre. Ces produits sont généralement aromatisés avec des produits synthétiques : acétate d'amyle, par exemple.

Le décret autorise les fabricants à saupoudrer les bonbons avec du talc, en très petite quantité (1 gramme par kilogramme), pour éviter le collage. De même, il permet le graissage des moules et appareils de fabrication avec certaines matières dans le but d'empêcher l'adhérence (art. 9, § 2 et 3).

Fondants et pastilles : bonbons de sucre cuit

dont la pâte a été battue pendant le refroidissement ; aussi, ne sont-ils pas transparents.

Les bonbons fourrés sont des fondants coulés sur une amande ou un fragment de fruit confit ;

2° *Dragées et pralines :* constituées par une amande enrobée de sucre au moyen d'un peu de gomme. Afin de blanchir le sucre et surtout de le rendre opaque, on le mélange d'une petite quantité d'amidon (4 p. 100 au plus), mais les sortes communes sont faites avec des mélanges de sucre et de farine où la farine représente la 1/2, les 2/3 ou les 3/4 du mélange : ces dernières doivent être dénommées « *dragée-farine* », « *praline-farine* », « *1/2 farine* », « *2/3 farine* », « *3/4 farine* » (art. 9, § 4).

Les dragées aux liqueurs sont obtenues en enrobant un noyau formé de quelques gouttes d'une liqueur quelconque emprisonnées dans une sorte de coquille de sucre cristallisé. Ce noyau préparé, grâce à un tour de main spécial, par coulage dans un moule formé d'amidon tassé, retient toujours, par adhérence, un peu dudit amidon ;

3° *Pâtes.* Les pâtes sont obtenues en fondant du sucre avec de la gomme et un peu de glucose.

La pâte de réglisse est la pâte aromatisée avec du suc de réglisse.

Les pâtes de lichen ou de jujube sont obtenues en ajoutant à la pâte une infusion de lichen ou de jujube.

La pâte de guimauve est obtenue en battant une dissolution de gomme avec du blanc d'œuf. Son nom lui vient de l'aspect qu'elle présente, car elle ne renferme pas de guimauve.

Le nougat est une sorte de pâte de guimauve additionnée de miel, dans laquelle se trouvent enrobées des amandes et parfois des avelines et des pistaches ;

4° *Fruits confits* et *pâtes de fruits :* ce sont des

fruits cuits dans du sirop de sucre auquel, pour empêcher la cristallisation, on ajoute du miel ou, plus généralement, du glucose.

Fréquemment les fruits sont préalablement traités par l'acide sulfureux (mèche soufrée) et recolorés artificiellement, de façon à leur donner une teinte uniforme.

Les « chinois » (petites oranges vertes), les « prunes », sont souvent reverdis au sulfate de cuivre, (comme les haricots et les petits pois) avant d'être confits. Le Conseil supérieur d'hygiène publique de France a récemment émis à nouveau l'avis que le reverdissage imposé, paraît-il, aux fabricants par le goût du public, *n'offrait aucun danger*. (Art. 9, § 6 et 7).

10. Dans l'industrie de la confiserie, le sucre est, en principe, la matière sucrée qui devrait seule être employée, avec le miel. Mais ce ·dernier est de plus en plus remplacé par le glucose, qui présente également l'avantage d'empêcher le sucre de cristalliser. L'article 9, § 1er, permet de l'employer.

11. La gomme et le blanc d'œuf, sont les éléments coûteux des pâtes ; aussi, pour les produits communs, les remplace-t-on par de la gélatine, de la gélose ou des empois épais d'amidon. Il n'y a aucun inconvénient à admettre cette substitution inoffensive, pourvu que l'acheteur en soit informé au moyen de l'épithète « *Fantaisie* ». Le mot « *Fantaisie* » est en effet adopté, depuis longtemps déjà, pour désigner un produit dont la composition diffère de celle du produit dont il emprunte le nom, sans trop s'en écarter cependant.

C'est ainsi que les pâtes de guimauve, de jujube, de lichen, de réglisse, par exemple, faites avec de la gélatine au lieu de gomme, doivent porter la mention « *Fantaisie* ». Il en est de même en ce qui concerne les pastilles de gomme, mais, en outre, le mot « *gomme* » ne doit plus figurer dans la dénomination. Ainsi, les dénominations : « *carrés à la réglisse* », « *boules Durand* », « *Pastilles royales* » doivent être suivies de la mention « *Fantaisie* » *si elles s'appliquent à des produits dont l'aspect est celui de pâte de réglisse, ou de boules ou pastilles de gomme.*

Il en est de même lorsque des bâtons ayant l'apparence de bâtons de *pâte de guimauve, ou des sucreries ayant l'aspect et la consistance de pâte de réglisse,* sont vendus sous des dénominations *fantaisistes,* sans aucune signification ; lorsque ces produits sont préparés avec de la gélatine ou de la gélose, ou avec un empois, ils doivent porter la mention « *Fantaisie* ». (Art. 9, § 5).

12. L'acheteur d'un produit dit « à la réglisse » juge nécessairement de la proportion du suc de réglisse et, par conséquent, de la valeur du produit, d'après sa coloration. Il était donc nécessaire, en vue de mettre fin à des tromperies, non pas d'interdire la coloration avec du noir de fumée ou du charbon (produits inoffensifs) que les industriels considèrent comme nécessaire dans certains cas, *mais d'exiger que la quantité de suc de réglisse ne soit pas inférieure à 4 p. 100,* lorsque le produit est coloré artificiellement. (Art. 9, § 6).

Mais il est entendu que cette limitation n'a plus sa raison d'être si le produit n'est pas coloré artificiellement.

13. En ce qui concerne les colorants artificiels et les produits aromatiques synthétiques dont l'emploi, pour les sucreries, peut être considéré comme inoffensif, l'article 9 du décret dispose que la liste en sera donnée par arrêtés rendus sur l'avis du Conseil supérieur d'hygiène publique et de l'Académie de médecine, conformément aux précédents établis par le Conseil d'Etat pour les décrets déjà

parus concernant les cidres, bières, liqueurs et sirops et vinaigres.

L'arrêté du 19 décembre 1910 contient les indications prévues concernant la coloration artificielle des sucreries.

Il sera statué ultérieurement, dans la même forme, en ce qui concerne l'emploi des produits aromatiques naturels ou artificiels. En attendant, les fabricants devront employer seulement les produits dont un long usage a permis de reconnaître l'innocuité.

14. La question d'hygiène étant ainsi réservée, une distinction devait être faite entre les produits dont l'arome est dû aux fruits ou jus de fruits employés et ceux dont l'aromatisation est artificielle, contrairement à ce que leur nom et leur aspect (fraises de bois, tranches d'oranges, par exemple) peut laisser croire à l'acheteur. Pour ces derniers produits, la dénomination doit être suivie de la mention : « *arome artificiel* ». (Art. 9, § 8).

15. L'article 28 du décret, prescrit d'indiquer, sur les emballages ou enveloppes, le poids net de la marchandise ou le poids brut et la tare d'usage, sauf pour les enveloppes contenant exclusivement des produits vendus à la pièce.

L'obligation d'indiquer le poids s'applique, par conséquent, exclusivement aux caisses, boîtes ou sacs préparés à l'avance pour être livrés tels que à l'acheteur et vendus au poids.

Ainsi, une caisse de fruits confits de 1 kilogramme, un sac de bonbons de 500 grammes, doivent porter des indications de poids dans les formes prescrites par l'article 28.

Mais il n'en est plus ainsi, lorsque la caisse ou le sac est mis en vente à la pièce : caisse de fruits confits de tel prix, sac de bonbons de tel prix, sans aucune indication de poids, par conséquent. Dans ce cas, la mention prévue à l'article 28 n'est pas obligatoire.

De même, elle n'est pas obligatoire sur le sac dans lequel le vendeur introduit, en présence de l'acheteur, le demi-kilogramme de dragées, par exemple, dont ce dernier vient faire l'acquisition. Dans ce cas, la mention dont il s'agit n'aurait d'ailleurs pas sa raison d'être, puisque la marchandise doit être pesée, devant l'acheteur, par le vendeur qui commet le délit de tromperie sur la quantité, s'il néglige intentionnellement de tenir compte de la tare, c'est-à-dire du poids du sac.

TITRE III

CONFITURES

(Voir circulaire du 19 juillet 1911)

16. Les produits visés au titre III sont : les « *confitures* », les « *gelées* » et les « *marmelades* ».

On sait que les confitures sont obtenues en cuisant des fruits avec du sucre.

Si les débris des fruits sont séparés par tamisage après la cuisson, le jus clair qui s'écoule forme une *gelée* par refroidissement.

Si, au contraire, les fruits sont écrasés de façon à former une bouillie, la confiture porte le nom de *marmelade*.

Le décret ne fait aucune distinction légale entre ces trois formes.

Quant aux *compotes,* elles sont assimilées aux conserves : le décret ne les vise pas. Ce sont des fruits ou parties de fruits conservés par stérilisation au moyen de la chaleur dans un jus sucré.

17. Dans la préparation classique, ménagère, des confitures, gelées et marmelades, on ne fait intervenir que du sucre et des fruits frais. Les jus de fruits contiennent de la pectine qui, par l'action d'un ferment également contenu dans le jus, se transforme en acide pectique gélatineux. C'est lui

qui donne aux confitures leur consistance gélatineuse.

Les industriels qui ne peuvent pas toujours, comme les ménagères, préparer les confitures au moment de la récolte des fruits, sont obligés de mettre provisoirement les fruits en conserve, en les stérilisant par chauffage, pour les utiliser plus tard au fur et à mesure des besoins.

L'inconvénient de cette manière d'opérer est que la prise en gelée des fruits conservés se fait mal .et que la confiture n'a plus la consistance de celle qu'on obtient avec les fruits fraîchement cueillis. En outre, la couleur n'est plus aussi belle.

Les industriels ont reconnu qu'il suffit d'aciduler légèrement le jus avec de l'acide tartrique pour obtenir une prise en gelée convenable. D'autre part, l'addition d'un peu de cochenille redonne aux confitures rouges la coloration qui convient.

Les articles 11 et 12 ont eu pour objet de consacrer, par une légère différence dans la dénomination, la distinction faite par le commerce entre les confitures de ménage et les confitures d'industrie. Les confitures, gelées et marmelades de la première catégorie peuvent seules porter la mention « *pur fruit et sucre* », tandis que la mention applicable aux produits de la seconde catégorie est « *pur sucre* ».

18. Ces deux modes de fabrication étant ainsi fixés, il restait à mettre les fabricants dans l'obligation d'ajouter aux dénominations une mention appropriée dans le cas d'emploi de toute autre matière que le sucre et les fruits : le glucose, la gélatine, la gélose, l'acide tartrique en proportion supérieure à 2 grammes par kilogramme, les parfums et colorants, etc... Par l'intervention de ces produits inoffensifs, la valeur de la confiture est diminuée, sans que néanmoins son aspect soit changé. Il y aurait donc là une falsification par-

faitement caractérisée si l'acheteur n'était averti.

Le décret impose, à cet effet, l'épithète « *fantaisie* » pour chacune des dérogations aux règles de la fabrication régulière. Cependant, lorsque le fabricant a dû, à la fois, aciduler, colorer, aromatiser artificiellement et ajouter une matière gélatineuse, c'est qu'en réalité les fruits ne figurent plus que pour mémoire. Dans ce cas, le mot « *fantaisie* » est insuffisant : la confiture est « *artificielle* ».

19. L'article 14 a pour objet de fournir des bases aux poursuites à la fraude pratiquée souvent dans les cantines et restaurants populaires et qui consiste à délayer les confitures avec de l'eau.

20. L'article 15 vise les procédés que peuvent employer les industriels pour la conservation des fruits destinés à faire les confitures. Les dispositions de cet article tendent à leur imposer l'obligation de recourir aux seuls procédés inoffensifs : la stérilisation ou la dessiccation, alors que certains voudraient recourir aux antiseptiques tels que l'acide borique, le fluorure de sodium, l'acide salicylique, ce qui, au point de vue hygiénique, ne peut être toléré.

Exception est cependant faite en ce qui concerne l'emploi, à dose limitée, de l'acide sulfureux pour la conservation des fruits par dessication.

21. Les prescriptions de l'article 28, relatives à l'indication du poids, sont applicables à tous les emballages (*seaux, calottes, pots, etc.*), dans lesquels les confitures, gelées et marmelades sont livrées à l'acheteur, en ce sens qu'il s'agit d'emballages préparés à l'avance et de marchandises qui se vendent toujours au poids. Toutefois, une exception peut être faite en faveur des pots contenant moins de 400 grammes qui peuvent être considérés comme vendus à la pièce en raison de leur faible capacité.

Les observations faites précédemment, sur le même sujet, à propos des sucres, sont applicables aux confitures, gelées et marmelades et il y a lieu de s'y reporter.

TITRE IV

CHOCOLATS ET CACAOS
(Voir circulaire du 19 juillet 1911), page 173

22. L'amande de cacao, torréfiée et décortiquée, puis broyée, constitue la « *pâte de cacao* », matière première de la fabrication du chocolat.

23. Cette pâte, passée à nouveau dans un broyeur avec un certain poids de sucre, constitue le « *chocolat* ».

Le cacao coûtant environ 5 fois plus cher que le sucre, la concurrence a, peu à peu, amené les fabricants à augmenter la proportion de sucre en diminuant d'autant celle du cacao.

Pour mettre fin à cet état de choses, préjudiciable à l'acheteur, le décret a fixé à 32 p. 100 la proportion minimum de pâte de cacao que doit contenir un chocolat pour avoir droit à cette dénomination. C'est la proportion que renferment actuellement les chocolats les plus ordinaires, mais considérés encore par le commerce, comme des produits loyaux.

L'article 21 permet néanmoins la vente de mélanges contenant moins de 32 p. 100 de cacao, mais il impose au fabricant l'obligation de les désigner sous le nom de « *sucre au chocolat* » ou de « *sucre chocolaté* » et lui interdit de les appeler « *chocolat* ».

La pâte de cacao contient normalement de 50 à 55 p. 100 de matière grasse (beurre de cacao). L'article 16 n'y fait pas allusion, laissant au fabricant la faculté d'enlever une partie de cette graisse (par expression à chaud) ou, au contraire, d'en ajouter, suivant la texture qu'il désire donner au chocolat. Le beurre de cacao possédant une valeur sensiblement égale à celle du cacao lui-même, il n'y avait pas là de tromperie à envisager.

24. Une industrie relativement nouvelle est celle de la préparation de la « *poudre de cacao* ». La fabrication de ce produit comporte nécessairement l'enlèvement d'une forte partie de la graisse, sans quoi le cacao broyé donnerait une pâte et non une poudre.

Deux procédés sont en présence :

Le procédé dit « hollandais » consiste à arroser, au moment de la torréfaction, les amandes de cacao avec une solution alcaline (carbonate de potasse, généralement). Dans ces conditions, la pâte obtenue fonce de couleur, la matière grasse se sépare facilement par pression et le tourteau (qui renferme encore 25 à 30 p. 100 de beurre), se broie facilement en donnant une poudre, non pas soluble dans l'eau, mais facilement miscible avec l'eau.

L'autre procédé, dit « français », consiste à traiter les amandes torréfiées par la vapeur d'eau sous pression. La matière grasse se sépare bien, mais la poudre obtenue ne brunit pas, ce qui fait qu'elle ne paraît pas donner avec l'eau une émulsion aussi parfaite que dans le cas précédent. D'ailleurs, l'intervention de la vapeur n'est pas indispensable et certains fabricants se contentent de réduire en poudre la pâte de cacao, convenablement dégraissée par pression à chaud.

Il importait, tout d'abord, de savoir si le procédé hollandais n'offrait pas des dangers pour la santé publique.

La question a été résolue par la négative par le Conseil supérieur d'hygiène publique de France dans sa séance du 23 novembre 1908, à condition, toutefois, que la proportion d'alcali serait limitée à celle qui est strictement nécessaire.

L'enquête faite à ce sujet a montré que la poudre doit rester, sans addition d'aucune substance susceptible de l'acidifier, légèrement acide et que, en tous cas, la proportion d'alcali ne doit pas dépasser celle qui correspond à une addition de 5 gr. 75 de carbonate de potassium rapportée à 100 grammes de la poudre supposée sèche et complètement dégraissée.

La question d'hygiène étant résolue, il importait de faire une distinction entre les poudres obtenues par addition de substances alcalines et les poudres non alcalinisées. Ces dernières sont évidemment seules à pouvoir être considérées comme « *pures* ».

Mais les unes et les autres ne sont pas « solubles » ; ce dernier qualificatif ne peut leur être appliqué.

En définitive, les deux dénominations :

« *poudre de cacao solubilisé* »,

« *poudre de cacao pur solubilisé* »,

sont donc celles qui, d'après le décret, permettent de faire la distinction. Toutefois, le qualificatif « *solubilisé* », obligatoire pour les poudres obtenues par addition de substances alcalines, peut n'être pas employé pour les autres, qui, n'ayant subi aucune addition, peuvent être dénommées simplement *poudre de cacao pur*.

25. On trouve dans le commerce des mélanges de poudre de cacao et de sucre : les mélanges qui renferment plus de 32 p. 100 de poudre de cacao peuvent porter la dénomination « *cacao sucré* » ou celle de « *chocolat en poudre* », tandis qu'ils *doivent* porter celle de « *sucre au cacao* » lorsqu'ils contiennent moins de 32 p. 100 de cacao et, par conséquent, plus de sucre que les premiers.

En outre, lorsque le cacao qui entre dans ces mélanges est du cacao solubilisé par addition de carbonates alcalins, la dénomination doit être suivie du mot « *solubilisé* ».

26. L'article 22 vise plus spécialement des cho- c lats dans lesquels il entre autre chose que du cacao et du sucre. On falsifie, en effet, le chocolat, par substitution de graisses végétales diverses au beurre de cacao, par introduction de débris de coques de cacao, d'arachides et de farines notamment.

L'addition de ces matières inoffensives diverses perd évidemment tout caractère frauduleux lorsque l'acheteur en est averti clairement.

Il suffit, pour cela, que la dénomination des produits (*chocolat, cacao sucré, sucre au chocolat, sucre chocolaté, sucre au cacao*) soit suivie de la mention « *tant p. 100 de telle matière* » ou « *tant p. 100 de matières étrangères* », lorsque le fabricant ne veut pas faire connaître la nature desdites matières, parce que l'énumération en serait trop longue, ou pour toute autre raison.

Ces dispositions visent exclusivement les chocolats, cacaos sucrés et sucres au cacao ou au chocolat, additionnés de produits peu coûteux, dont l'introduction diminue la valeur de la marchandise et dont jusqu'ici on avait cherché à dissimuler la présence. Le décret exige que dorénavant l'acheteur en soit averti par une mention en caractères de dimensions au moins égales à la moitié des dimensions des caractères les plus grands, figurant dans l'inscription, et de même apparence typographique. La mention dont il s'agit doit en outre être rédigée sans abréviations qui soient de nature à tromper l'acheteur sur leur signification et suivre immédiatement la dénomination, ou tout au moins être disposée de telle façon qu'on ne puisse apercevoir cette dernière sans lire en même temps la mention qui la corrige. Cette mention est obligatoire, quand bien même le mot « chocolat » ne figurerait pas, à dessein, sur l'étiquette, alors que l'aspect du produit, l'aspect de son enveloppe, les inscriptions portées sur celle-ci, ne laisseraient cependant aucun doute sur sa véritable nature. S'il en était autrement, l'omission des mots « chocolat », « cacao », serait un moyen facile de se soustraire aux obligations imposées par le règlement dans le seul but d'assurer la loyauté des transactions.

Les dispositions de l'article 22 visent également le cas inverse, c'est-à-dire les chocolats additionnés de substances dont le vendeur ne cherche nullement à dissimuler la présence ; tels sont : les *chocolats à la noisette, aux amandes,* par exemple. Une mention complémentaire doit également indiquer la proportion dans laquelle entrent les éléments étrangers au cacao et au sucre. En ce qui concerne les *chocolats et cacao lactés,* la mention doit indiquer la proportion de matières solides provenant de l'évaporation du lait, écrémé ou non, contenues dans 100 grammes de produit, à moins que cette proportion ne dépasse 15 grammes, auquel cas elle n'est plus obligatoire.

Mais les dispositions dudit article 22 s'appliquent seulement aux chocolats et poudres, d'aspect homogène, dans lesquels, par suite du broyage, il est devenu impossible de distinguer les éléments constitutifs et non aux chocolats contenant des fragments apparents d'amandes ou de noisettes, par exemple. L'indication de proportion n'est pas, ici, obligatoire : il y a lieu d'ailleurs de classer ces produits parmi les sucreries au chocolat.

27. L'article 23 permet d'employer en confiserie le mot « chocolat » pour les bonbons couverts de chocolat pur. Toutefois, conformément aux usages et aux exigences de la confiserie, il est admis que le chocolat employé peut être mélangé d'une petite

proportion (5 p. 100) d'amandes, de noisettes, de poudre de lait ou d'autres matières comestibles.

28. Le paragraphe 2 de l'article 22 interdit de qualifier « *vanillé* » un produit aromatisé avec la vanilline artificielle : dans ce cas, le qualificatif « *vanilliné* » convient seul. Le mot « *vanillé* » ne peut être employé que pour qualifier un produit aromatisé avec de la vanille naturelle.

29. Les chocolats sont généralement mis en vente sous forme de tablettes placées sous une double couverture formée de papier et d'une feuille d'étain ou de papier paraffiné.

La dénomination du produit, ainsi que la mention relative à la présence, le cas échéant, de matières étrangères au cacao et au sucre, doivent figurer sur le papier formant l'enveloppe extérieure.

Mais il arrive que des chocolats sont mis en vente, en vrac, sous forme de tablettes nues. Dans ce cas, les inscriptions qui, normalement, devraient figurer sur l'enveloppe, doivent être imprimées, en l'absence de celle-ci, par moulage dans la pâte, sur chacune des divisions de tablettes ou bâtons destinés à être ainsi délivrés sans enveloppe à l'acheteur. Une exception est faite pour les divisions de tablettes ou bâtons pesant moins de 10 grammes, qui, en raison de leurs faibles dimensions, sont dispensés de l'inscription réglementaire. Mais, comme les divisions ou bâtons dont il s'agit sont nécessairement présentés à l'acheteur, en vrac, dans une caisse, une boîte, un emballage quelconque, la dénomination de vente et la mention indiquant la présence de matières étrangères doivent être portées d'une façon très apparente sur la caisse, la boîte ou l'emballage, car, s'il en était autrement, il suffirait de détailler le chocolat par tablettes de moins de 10 grammes, pour échapper aux obligations de loyauté consacrées par le décret.

Lorsque les chocolats et cacaos sont vendus au

poids, l'indication complémentaire, indiquant le poids net ou le poids brut et la tare d'usage, est obligatoire sur les emballages et enveloppes, dans la forme prescrite par le dernier paragraphe de l'article 28 du décret. Les observations faites précédemment sur le même sujet, à propos des sucres sont applicables aux produits dont il s'agit et il y a lieu de s'y reporter.

Mais, lorsque les chocolats et cacaos ne sont pas vendus au poids, aucune mention relative à cette quantité n'est obligatoire. Il en est ainsi notamment pour les bonbons au chocolat, les petites tablettes renfermées dans des emballages de luxe, les bâtons isolés, les petites boîtes contenant des doses préparées de chocolat ou de cacao en poudre pour le déjeuner et, en général, pour tous les récipients ou enveloppes contenant moins de 100 grammes de marchandises.

Les fabricants livrent aux détaillants, dans des cartons ou caisses de 25, 50 ou 100 par exemple, les produits ainsi préparés pour la vente à la pièce : l'indication de poids n'est pas davantage exigible sur les cartons et caisses dont il s'agit, puisque ces emballages renferment exclusivement des produits vendus à la pièce.

TITRE V

30. Les articles 24 et 25 ont pour objet de consacrer les usages du commerce loyal et de distinguer trois catégories de suc de réglisse.

1° Le suc de réglisse pur ;
2° Le suc de réglisse ;
3° Le suc de réglisse féculé.

Le second résulte de l'addition au « *suc pur* » de gomme et de matières sucrées.

Le troisième, qui représente la qualité la plus commune, est le suc additionné de fécule plus ou moins chauffée préalablement.

La teneur en glycyrrhizine, principe aromatique et essentiel du suc de réglisse sert de base à cette classification.

TITRE VI

DISPOSITIONS GÉNÉRALES

31. L'article 26 vise les papiers métalliques dans lesquels on enveloppe généralement les produits de la confiserie. Il interdit aux fabricants de se servir de feuilles d'étain autres que celles d'étain fin et permet d'employer les feuilles d'aluminium.

32. L'article 27 prévoit les arrêtés qui donneront la liste des produits chimiques colorants ou aromatiques inoffensifs.

L'arrêté du 19 décembre 1910 joint au décret a été pris conformément aux dispositions contenues dans cet article. Il vise seulement les matières susceptibles d'être utilisées pour la coloration artificielle des produits auxquels s'applique le règlement. Il pose le principe que lesdits produits peuvent être colorés avec la cochenille ou les colorants végétaux naturels seulement, à l'exclusion des colorants dérivés de la houille.

Toutefois, il admet l'emploi de quelques-uns de ces derniers, à titre exceptionnel, pour les sucreries, fruits confits, pâtes de fruits, c'est-à-dire pour les produits visés par le titre II du règlement et *non pour les autres,* les confitures par exemple.

Encore faut-il que les dérivés de la houille dont il s'agit soient commercialement purs, c'est-à-dire privés de toute matière toxique telle que l'arsenic. Ainsi purifiés, l'arrêté permet que, pour faciliter leur emploi, ces matières colorantes soient mélangées, délayées en quelque sorte, avec des produits inoffensifs : le sucre, la dextrine, le sel ou le sulfate de soude.

Il y a lieu de remarquer que la liste des dérivés de la houille qui figure à l'arrêté est la même que celle que contient l'arrêté du 4 juillet 1910 relatif à la coloration artificielle des liqueurs.

33. L'article 28 présente, par sa généralité, une grande importance. *Il a pour objet de mettre les fabricants dans l'impossibilité de se soustraire par la ruse aux obligations qui leur sont imposées dans les articles précédents, en ce qui concerne la dénomination des produits et leur poids.*

J'appelle votre attention sur les prescriptions de cet article : *tous les produits visés au règlement doivent porter la dénomination sous laquelle ils sont mis en vente.* Cette dénomination doit être accompagnée des mentions et qualificatifs imposés par le règlement, inscrits en caractères de dimensions au moins égales à la moitié des dimensions des caractères les plus grands figurant sur l'étiquette et de même apparence typographique.

Je vous prie de profiter de toutes les circonstances pour porter à la connaissance des intéressés les dispositions réglementaires visant *la dénomination des produits en les engageant à s'y conformer, car vous devrez veiller à l'application rigoureuse des dispositions dont il s'agit.*

Circulaire du 19 Juillet 1911

Instructions complémentaires concernant l'application du règlement du 19 Décembre 1910, sur les produits de la sucrerie, de la confiserie et de la chocolaterie.

Depuis le 19 juin dernier, jour où le décret du 19 décembre 1910 sur les produits de la sucrerie, de la confiserie et de la chocolaterie est entré en application, de nombreux industriels et commerçants, désireux de se conformer aux dispositions contenues dans ce règlement, ont signalé à mon Administration certaines difficultés que présente son observation et demandé des éclaircissements sur un certain nombre de points que n'a pas visés la circulaire n° 16, du 19 décembre 1910, de mon prédécesseur.

Afin de répondre à ce désir et de vous permettre de renseigner les intéressés, comme aussi d'assurer une meilleure application du décret précité, j'ai l'honneur de vous adresser les indications complémentaires suivantes :

TITRE PREMIER

SUCRES

1. — Bien qu'aucune distinction réglementaire n'ait été faite entre le « sucre de canne » et le « sucre de betterave » il ne faut pas en conclure qu'on puisse vendre impunément du sucre de betterave en indiquant à l'acheteur, soit expressément, soit indirectement par l'emploi de signes ou d'indications tendancieuses, qu'il s'agit de sucre de canne. *La substitution intentionnelle de sucre de betterave au sucre de canne constitue, de toute évidence, une tromperie sur la nature du produit,* prévue et punie par l'article 1er de la loi du 1er août 1905, qu'il était inutile de viser particulièrement par une disposition spéciale.

2. — L'article 1er du décret permet de dénommer « sucre raffiné », tout sucre contenant au moins 99,5 de saccharose pour 100 grammes de produit sec, alors que les sucres peuvent atteindre ce degré de pureté sans avoir subi l'opération du raffinage ; laquelle comporte essentiellement une refonte suivie d'une seconde cristallisation.

Or le décret n'a pas visé les sucres non raffinés contenant cependant plus de 99,5 de saccharose : *aucune dénomination ne leur a été réservée.* J'estime que cette *lacune devra être comblée en attribuant la dénomination « sucre blanc »* aux sucres dont il s'agit.

3. — L'arrêté du 19 décembre 1910 autorise l'azurage des sucres avec l'outremer (matière minérale) et le bleu d'indanthrène (dérivé de la houille). Cette disposition n'exclut pas l'emploi des substances végétales, telles que l'indigo et ses dérivés, lesquelles peuvent être utilisées pour le même objet, en vertu de l'article premier dudit arrêté.

4. — *La dénomination de vente des sucres, autrement dit le nom sous lequel ils sont vendus, doit être inscrite sur tous les récipients (sacs, caisses, etc.)* dans lesquels la marchandise est livrée à l'acheteur quel qu'il soit (intermédiaire ou consommateur).

Mais c'est seulement lorsqu'il s'agit d'emballages préparés en vue de la vente directe *au consommateur, que la dénomination de vente doit être complétée par l'indication du poids,* dans les conditions rappelées par la circulaire n° 16, précitée. Ces emballages étant fournis généralement au détaillant par le raffineur ou le fabricant-fournisseur, c'est à ce dernier qu'incombe le soin d'inscrire le poids, dans la forme prescrite.

Ces dispositions sont formelles, cependant leur application littérale aux sucres bruts ne présente aucune utilité, en raison des mesures fiscales auxquelles ces produits sont assujettis. D'accord avec le Ministère des Finances, il a donc été décidé que toutes les fois que les sucres bruts, libérés ou non libérés d'impôt, expédiés des fabriques ou de tout autre endroit, par sacs de 100 kilogrammes, à quelque destination que ce soit, resteront placés sous les plombs d'origine, les mesures fiscales seront considérées comme tenant lieu des formalités d'ordre commercial édictées par l'article 23 du décret en ce qui touche la dénomination et le poids de ces produits.

Mais cette dérogation ne s'applique pas aux livraisons effectuées à de simples consommateurs dans des emballages contenant moins de 100 kilogrammes. Toutefois, en ce qui concerne les sacs, les mentions réglementaires pourront alors être inscrites sur une étiquette spéciale, attachée d'une manière appropriée, au lieu d'être apposées en caractères indélébiles sur les emballages eux-mêmes, ce qui aurait pu en empêcher une nouvelle utilisation.

TITRE II

CONFISERIE

1. — En principe, les « dragées » et « pralines » sont constituées par une amande enrobée de sucre au moyen d'un peu de gomme. C'est cette définition qui a été rappelée dans la circulaire n° 16. Je vous signale que le mot « amande » doit être pris au figuré, car le noyau d'une dragée ou d'une praline n'est pas nécessairement une « amande » ; il peut être constitué par un fruit, une graine et, en général, par une préparation alimentaire quelconque ; *à moins que le produit ne soit mis en vente sous la dénomination « dragées aux amandes » ou « pralines aux amandes »*, auquel cas le mot conserve sa signification précise et ne peut désigner autre chose que l'amande de l'amandier.

2. — En ce qui concerne l'aromatisation des bonbons et sucreries, le décret est formel (art. 9, § 8) : si le nom d'un fruit ou d'un parfum naturel figure dans la dénomination du produit, celle-ci doit être accompagnée de la mention « arôme artificiel » lorsque l'aromatisation est obtenue, même partiellement, avec un parfum synthétique.

Cette obligation ne vise par conséquent pas les bonbons qui, parfumés avec des essences synthétiques de fraise ou de mandarine, par exemple, portent une dénomination de fantaisie dans laquelle le nom de ces fruits ne figure pas, quand bien même leur forme et leur aspect seraient ceux d'une fraise ou d'une tranche de mandarine.

De même elle ne s'applique pas à des produits portant des dénominations telles que « sucre d'orge »,

« sucre de pomme », « bonbon coquelicot », attendu que ces produits ne sont nullement préparés ni aromatisés avec de l'orge, des pommes ou du coquelicot.

3. — Un certain nombre de commerçants ont demandé s'il est exact que l'article 28 du décret leur fasse une *obligation d'étiqueter tous les bocaux dans lesquels il est d'usage, dans les magasins de détail, de placer les produits sous les yeux des acheteurs.*

J'estime que telle est *bien en. effet la portée de cette disposition réglementaire,* laquelle vise d'ailleurs, non seulement les magasins de détail, mais tous les établissements de vente.

L'inscription dont il s'agit comporte réglementairement la dénomination sous laquelle le produit est mis en vente. Le cas échéant, cette dénomination doit être accompagnée des mentions et qualificatifs prévus à l'article 9 du décret (« fantaisie », « arome artificiel » et, en ce qui concerne les dragées : « 1/2, 2/3, 3/4 farine », suivant le cas).

TITRE III

CONFITURES. — GELÉES. — MARMELADES

De nombreux renseignements complémentaires ont été demandés à mon Administration relativement à la manière dont le poids des confitures, gelées et marmelades doit être indiqué.

Tout d'abord je vous *rappelle que le poids brut,* accompagné *de la tare d'usage,* c'est-àdire la tare moyenne, ou le poids net doivent figurer sur les emballages (seaux, calottes, pots, etc.) dans lesquels la marchandise est préparée à l'avance pour être livrée au consommateur, soit directement par le fabricant, soit indirectement par l'entremise d'un détaillant.

C'est donc à celui qui prépare lesdits emballages qu'incombe, en principe, le soin d'inscrire le poids. Cependant, les confitures, gelées et marmelades, lorsqu'elles ne sont pas enfermées dans des vases étanches, ce qui est le cas général, perdent peu à peu de leur poids par dessication. *Il est donc nécessaire que le fabricant, au moment du remplissage, ajoute un excédent de marchandises destiné à compenser approximativement la perte dont il s'agit.* En procédant de cette façon, le poids net de ladite marchandise se trouve ainsi être bien, au moment de la vente au consommateur, celui qui est indiqué, étant entendu qu'on ne saurait imposer à cette indication une précision méticuleuse que ne comporte pas la valeur du produit.

Néanmoins, on peut tolérer que le fabricant se contente d'indiquer la tare sur chaque récipient, laissant ainsi au détaillant le soin de peser lesdits récipients et d'inscrire le poids brut ou, par différence le poids net, au moment même de la vente au consommateur.

La circulaire n° 16 vous invitait à admettre que les pots contenant moins de 400 grammes de confiture, gelée ou marmelade pouvaient seuls être considérés comme susceptibles d'être vendus à la pièce. De l'enquête faite par mon Administration à la suite des réclamations que lui ont fait parvenir les intéressés, il résulte qu'il y a lieu de prendre dorénavant comme limite le chiffre de 500 grammes.

TITRE IV

CHOCOLATS ET CACAOS

Des renseignements complémentaires ont été demandés à mon Administration au sujet de la dénomination que le décret permet de donner aux produits de fantaisie ayant la forme d'objets divers, d'animaux, de fruits, notamment, vendus à bas prix et constitués essentiellement par une préparation sucrée enrobée, par trempage, d'une couverture ayant l'apparence du chocolat.

Les produits dont il s'agit sont expressément visés

par l'article 23 du décret. Ils peuvent donc être désignés *sous une dénomination comprenant les mots « au chocolat »* si la couverture est constituée par du chocolat contenant, au plus, 5 p. 0/0 de matières comestibles quelconques.

Dans le cas où la proportion de ces dernières matières étrangères est supérieure au chiffre ainsi fixé, j'estime que les prescriptions de l'article 22 sont applicables, en ce sens qu'une mention doit faire connaître la quantité dépassant 5 p. 0/0 desdites matières étrangères. Toutefois, comme en l'espèce, il serait impossible d'imprimer cette mention dans la pâte (bien qu'il s'agisse de produits délivrés sans enveloppe à l'acheteur) il me paraît suffisant qu'elle soit portée, d'une manière apparente, sur les étiquettes dont les boîtes sont revêtues.

J'estime que la même mention est obligatoire pour les produits dont la *dénomination de vente ne contiendrait pas les mots « au chocolat »*. On ne comprendrait pas, en effet, qu'il suffise d'éviter l'emploi de ces mots pour se soustraire aux obligations imposées par le décret, tout en profitant de la confusion volontairement produite dans l'esprit de l'acheteur par l'aspect donné au produit ; car, lorsqu'un fabricant donne intentionnellement à un produit l'aspect du chocolat ou d'une sucrerie enrobée au chocolat, c'est évidemment qu'il considère cet aspect comme avantageux.

SIROPS ET LIQUEURS

Décret du 3 Avril 1909

Le Président de la République française,
Sur le rapport des Ministres de la Justice, de l'Intérieur, des Finances, de l'Agriculture, du Commerce et de l'Industrie ;

. . . .

Décrète :

Article premier. — La dénomination de « liqueur » est réservée aux eaux-de-vie ou alcools aromatisés soit par macération de substances végétales, soit par distillation en présence de ces mêmes substances, soit par addition des produits de la distillation desdites substances en présence de l'alcool ou de l'eau, soit par l'emploi combiné de ces divers procédés. Les préparations ainsi obtenues peuvent être édulcorées au moyen de sucre, de glucose ou de miel.

Art. 2. — Il est interdit de détenir ou de transporter en vue de la vente, de mettre en vente ou de vendre sous les dénominations fixées au présent article, des produits autres que ceux ayant, aux termes dudit article, un droit exclusif à ces dénominations :

1° La *dénomination de « sirop » ou de « sirop de sucre »* est réservée aux dissolutions de sucre (saccharose) dans l'eau ;

2° La *dénomination de « sirop », accompagnée de l'indication de l'espèce ou des espèces prédominantes* de fruits entrant dans la fabrication, est réservée aux *sirops composés de sucre* ou de *sirop de sucre et de jus de fruits.*

Toutefois, la dénomination de sirops « de citron », « de limon » ou « d'orange » peut *s'appliquer aux sirops composés de sirop de sucre additionné d'acide citrique et de l'alcoolat de ces fruits ou de leur essence ;*

3° La dénomination de « sirop de grenadine » est réservée *au sirop de sucre additionné d'acide citrique ou d'acide tartrique et aromatisé au moyen de substances végétales ;*

4° La dénomination de « sirop d'orgeat » est réservée au sirop composé *de sucre et de lait d'amandes;*

5° La dénomination de « sirop de moka » ou de « sirop de café » est réservée au *sirop de sucre additionné d'extrait de café ;*

6° La dénomination de « sirop de gomme » est réservée *au sirop de sucre additionné de gomme arabique ou de gomme du Sénégal* dans la proportion minimum de 20 grammes par litre.

Art. 3. — *Doivent être désignés sous leur nom spécifique, suivi du terme « fantaisie »* ou de tout autre qualificatif différenciant le produit de ceux visés à l'article précédent :

1° Les sirops dans la préparation desquels *la glucose* est substituée même partiellement au sucre (saccharose) ;

2° Les sirops additionnés *d'acide tartrique* autres que le sirop de grenadine.

3° Les sirops additionnés *d'acide citrique* autres que les sirops de citron, de limon, d'orange ou de grenadine.

Art. 4. — L'emploi, dans la fabrication des liqueurs et des sirops, de matières colorantes est autorisé dans les conditions fixées à l'article 7 ci-dessous, sans qu'il soit nécessaire de faire mention de cet emploi dans la dénomination spécifique du produit.

Toutefois, lorsque les liqueurs ou les sirops de cassis, de cerises, de merises, de groseilles ou de framboises *ont été additionnés d'une matière colorante,* leur dénomination spécifique doit être accompagnée du qualificatif « *coloré* » ou du terme « *fantaisie* ».

Art. 5. — Lorsque l'arome des liqueurs ou sirops est obtenu, même partiellement, par addition de *produits chimiques* dans les conditions fixées à l'article 7 ci-dessous, les liqueurs et sirops doivent être désignés sous leur nom spécifique, accompagné du qualificatif « *artificiel* ».

Art. 6. — Dans les inscriptions et marques servant à désigner les produits visés au présent décret, la dénomination du produit et le qualificatif qui l'accompagne, ou les termes « fantaisie », « coloré » ou « artificiel », *doivent être imprimés en caractères identiques.*

Art. 7. — Est interdit l'emploi dans la fabrication des liqueurs et sirops :

1° De matières colorantes autres que celles dont l'usage est déclaré licite par arrêtés pris de concert, par les Ministres de l'Intérieur et de l'Agriculture, sur l'avis du Conseil supérieur d'Hygiène publique et de l'Académie de Médecine ;

2° De produits chimiques aromatiques et de substances amères autres que ceux autorisés dans les conditions ci-dessus et sans préjudice des interdictions spéciales édictées par l'article 2 du décret susvisé du 22 septembre 1908 ;

3° De produits antiseptiques dont l'emploi ne serait pas déclaré licite dans les formes fixées au paragraphe premier du présent article ;

4° De résines, en ce qui concerne les absinthes et liqueurs similaires.

Art. 8. — Dans les établissements où s'exerce le commerce de détail des liqueurs et sirops, *il doit être apposé d'une manière apparente sur les récipients, emballages, casiers ou fûts, une inscription* indiquant la dénomination sous laquelle les liqueurs et sirops sont mis en vente.

Les inscriptions doivent être rédigées *sans abré-*

viation et disposées de façon à ne pas dissimuler la dénomination du produit.

Art. 9. — L'emploi de toute indication ou signe susceptible de créer dans l'esprit de l'acheteur une confusion sur la nature ou sur l'origine des produits visés au présent décret, lorsque, d'après la convention ou les usages, la désignation de l'origine attribuée à ces produits devra être considérée comme la cause principale de la vente, est interdit en toutes circonstances et sous quelque forme que ce soit, notamment :

1° Sur les récipients et les emballages ;

2° Sur les étiquettes, capsules, bouchons, cachets ou tout autre appareil de fermeture ;

3° Dans les papiers de commerce, factures, catalogues, prospectus, prix-courants, enseignes, affiches, tableaux-réclames, annonces ou tout autre moyen de publicité.

Pour la coloration, conservation et emballage, voir le décret, l'arrêté du 28 juin 1912, pages 71-73 et la circulaire du 3 août 1912, page 82.

SUBSTANCES MÉDICAMENTEUSES ET HYGIÉNIQUES

Celles que peuvent détenir les herboristes droguistes et épiciers

En vue d'assurer l'application des lois et règlements en vigueur sur l'exercice de la pharmacie et sur la répression des fraudes en matière médicamenteuse, il a été créé des inspecteurs et des inspecteurs adjoints pour vérifier la bonne qualité des produits et de rechercher la fabrication et le débit, sans autorisation légale, des préparations et compositions médicinales.

Dans ce but, il sera procédé, au moins une fois l'an, à l'inspection des officines de pharmaciens, des dépôts de médicaments tenus par les médecins et les vétérinaires, des magasins de droguistes, herboristes et épiciers, des coiffeurs et parfumeurs, des fabriques et dépôts d'eaux minérales naturelles ou artificielles, généralement de tous les lieux où sont fabriqués, entreposés ou mis en vente des produits médicamenteux ou hygiéniques.

L'inspection de tous les établissements dont il s'agit est faite par des pharmaciens inspecteurs, *mais, en réalité, ces inspecteurs ne visiteront régulièrement que les officines des pharmaciens, les dépôts de médicaments tenus par les médecins et les vétérinaires, ainsi que les fabriques et dépôts d'eaux minérales naturelles ou artificielles.

Les Inspecteurs adjoints nommés par la Commission préfectorale et pris généralement parmi les *agents de prélèvement* ont pour mission de procéder, au moins une fois l'an, à la visite des *autres établissements* cités dans l'énumération précédente, sans qu'ils aient à se préoccuper des visites que le pharmacien inspecteur de la circonscription pourra y faire de son côté, ainsi qu'il en a le pouvoir.

Rôle de l'Inspecteur adjoint. — L'objet de la visite qui leur est prescrite est uniquement pour assurer l'application des lois et règlements en vigueur sur la vente des substances médicamenteuses ou vénéneuses dont ci-dessous l'énumération.

Vente des substances médicamenteuses. — En dehors des pharmaciens ou des médecins et vétérinaires établis dans des communes où il n'y a pas de pharmacien, nul ne peut préparer, vendre ou débiter aucun médicament. *Ce texte interdit aux épiciers de recevoir en dépôt aucun médicament préparé par les pharmaciens.*

Les herboristes, droguistes, épiciers peuvent cependant vendre les *drogues simples,* c'est-à-dire les produits naturels ou chimiques au moyen desquels on prépare les médicaments, par exemple, *l'acide sulfurique, le camphre, la crème de tartre, la gomme adragante, le sel amoniac, le sel de soude, le sel d'oseille, le sulfate de cuivre, etc...,* mais ils ne doivent vendre ces produits qu'*en gros,* sans pouvoir en débiter aucun au poids médicinal. Cependant la vente des plantes ou parties de plantes médicinales non vénéneuses, *indigènes,* fraîches ou sèches, lesquelles sont des drogues simples, peut être faite au poids médicinal par les *droguistes munis du diplôme d'herboriste.* C'est en cela que repose la distinction légale entre les herboristes et les droguistes.

Lorsque il semblera à l'inspecteur adjoint qu'un commerçant contreviendra à ces dispositions il devra signaler le fait au préfet. Le pharmacien inspecteur en sera informé par la préfecture et se rendra dans l'établissement signalé pour faire les constatations nécessaires.

Vente des substances vénéneuses. — Parmi les drogues que les herboristes, droguistes et épiciers sont autorisés à vendre *en gros,* un certain nombre sont des substances vénéneuses ; leur vente ne peut se faire librement. Elle est réglementée par l'ordonnance royale du 29 octobre 1846.

Tout d'abord, les substances vénéneuses doivent être enfermées dans un *endroit sûr et fermé à clef.*

Ensuite, elles ne peuvent *êtres vendues* qu'à des personnes telles que chimistes, fabricants ayant besoin de ces substances pour leur profession ou pour cause connue, qui ont fait à la mairie la déclaration prévue à ce sujet par l'article premier de l'ordonnance sus-visée.

Enfin, les commerçants dont il s'agit *doivent tenir un registre coté et paraphé,* par le maire ou par le commissaire de police sur lequel ils inscriront de suite et sans aucun blanc, à leur date exacte, leurs achats et leurs ventes de substances vénéneuses, les noms, professions et domiciles des acheteurs ou vendeurs, ainsi que la quantité et la nature des produits achetés ou vendus.

Voici la liste des substances vénéneuses auxquelles sont applicables les prescriptions qui précèdent :

Absinthe (essence).
Acide cyanhydrique.
Alcaloïdes végétaux vénéneux et leurs sels.
Arsenic et ses préparations*.
Belladone (extrait et teinture).
Cantharide entière (poudre et extrait).
Chloroforme.
Ciguë (extrait et teinture).
Coques du Levant.
Cyanure de mercure.
Cyanure de potassium*.

Digitale (extrait et teinture).
Emétique.
Jusquiane (extrait et teinture.
Nicotiane.
Nitrates de mercure.
Opium et ses extraits.
Phosphore et pâte phosphorique*.
Seigle ergoté.
Stramonium (extrait de teinture).
Sublimé corrosif*.

Les produits marqués d'une astérisque sont à peu près les seuls qui se rencontrent dans les épiceries.

Les Inspecteurs adjoints pourront, dans certains

nombre de cas, relever avec sûreté des contraventions à ces prescriptions, notamment en ce qui concerne la *tenue du registre réglementaïre*, mais s'il a des doutes sur la nature vénéneuse d'une substance, il doit les signaler au Préfet.

Taxe de visite

Une taxe de visite est due par certain des établissements sousmis à l'inspection. Tous n'y sont pas astreints. C'est ainsi que les dépôts des médicaments tenus par les médecins et les vétérinaires, les coiffeurs et les parfumeurs sont exempts, tandis que les autres établissements, sont taxés au tarif suivant :

Pharmacies .... 6 fr.
Fabriques d'eaux minérales et artificielles 10 —
Dépôts d'eaux minérales .... 3 —
Drogueries et épiceries .... 4 —

Le rôle de perception de taxe sera établi d'après le relevé des visites faites par le pharmacien inspecteur en ce qui concerne les pharmacies, fabriques et dépôts d'eaux minérales et d'après les visites de l'Inspectur adjoint, en ce qui concerne les herboristeries, drogueries et épiceries.

La taxe est imposée quel que soit le nombre de visites effectuées et *elle n'est due que si l'établissement a été visité au moins une fois l'année.*

Cependant il y a lieu de signaler le cas suivant d'exemption qui vise les épiceries : la loi du 23 juillet 1820, qui a établi la taxe dont il s'agit, a exempté de tous droits les épiciers chez lesquels ne serait pas trouvé de drogues appartenant à l'art de la pharmacie.

Et l'usage de faire bénéficier de l'exemption de cette taxe *les regrattiers, petits épiciers,* qui n'ont parfois que quelques centaines de francs de marchandises en magasin. Par circulaire du 11 novembre 1908, M. le Ministre estime que cette faveur doit leur être accordée, l'ordonnance du 20 septembre 1820, pouvant en fournir le prétexte.

Il importe donc que les Inspecteurs adjoints relèvent soigneusement les épiceries qui se trouveraient dans cette situation, afin qu'elles ne soient pas indûment taxées.

Mais les épiceries, qui sont dans ce cas, sont l'exception, car voici quelques-unes des substances qui sont légalement qualifiées « drogues » et dont il s'agit de constater la présence dans une épicerie pour que la taxe soit applicable.

Borax.	Safran.
Camphre.	Sel amoniac.
Crême de tartre.	Sel de soude.
Tartre rouge.	Sel d'oseille.
Gomme adragante.	Sulfate de cuivre.
Suc ou racine de réglisse.	Verdet.

En outre, les Inspecteurs seront tenus de signaler les épiciers qui ont des eaux minérales en dépôt, car la taxe de 3 francs visant les dépôts d'eaux minérales est distincte de celle de 4 francs applicable aux épiceries et drogueries.

TOMATES

Extrait du décret du 15 Avril 1912

Art. 14. — « La dénomination de conserves de fruits et légumes ne peut être accompagnée des qualificatifs « *concentré* », « *réduit* », « *extrait* », que si la préparation renferme au moins 15 gr. de matières sèches pour 100 grammes de produit.

« Il est interdit de désigner sous la dénomination de « *purée de tomates* », « *conserves de tomates* » dès préparations contenant d'autres produits que des tomates, épices et des aromates... »

D'après l'art. 14 du décret sus-visé, est interdit l'emploi des qualificatifs « concentré », « réduit », « extrait » considérés comme ayant une même signification pour désigner des produits dont le mode de fabrication ne comporte pas une notable concentration de la pulpe. Cette disposition, qui est applicable à la fabrication, se justifie d'autant plus que le consommateur ne peut distinguer une conserve de tomates réellement concentrée, d'une conserve ordinaire, l'introduction de matières amylacées permettant de donner à cette dernière la consistance d'un produit concentré.

Il est sursis à l'exécution de cette prescription jusqu'au 1er janvier 1914.

Pour ce qui concerne la coloration, la conservation et l'emballage, voir le décret, l'arrêté du 28 juin 1912, pages 71-73 et la circulaire du 3 août 1912, page 82.

VINAIGRES

Décret du 29 Juillet 1908

portant règlement d'administration publique en ce qui concerne les vinaigres.

Le Président de la République française, sur les rapports des Ministres de la Justice, de l'Intérieur, des Finances, du Commerce et de l'Industrie,

. . . .

Décrète :

Article premier. — *La dénomination de vinaigre est réservée* au produit obtenu par la fermentation *acétique de boissons ou dilutions alcooliques et renfermant* au moins 6 p. 100 d'acide acétique.

Art. 2. — Il est interdit de détenir ou de transporter en vue de la vente, de mettre en vente ou de vendre sous la dénomination de « *vinaigre de vin* », « *vinaigre de cidre* », ou « *vinaigre de bière* », un produit ne provenant pas exclusivement de la *fermentation acétique du vin, du cidre ou de la bière*. Le minimum de teneur acétique fixé à l'article premier n'est pas applicable aux produits naturels visés au présent paragraphe.

La désignation d'un *vinaigre par simple adjonction d'un nom de localité ou de région viticoles*, ne peut s'appliquer qu'à des vinaigres de vin.

Art. 3. — Les mélanges de vinaigres provenant de boissons alcooliques avec des vinaigres d'alcool peuvent être désignés *sous une dénomination faisant apparaître l'un des éléments du mélange mais à la condition qu'une mention complémentaire fasse connaître exactement* la proportion dans laquelle l'élément dénommé entre dans le mélange.

Les dénominations et mentions ci-dessus prévues *doivent être imprimées en caractères identiques.*

Art. 4. — *Est interdit, dans la fabrication des vinaigres,* l'emploi d'acide acétique, d'acide pyroligneux, d'acides minéraux et de vinasses.

Est également interdite l'addition aux vinaigres de ces mêmes produits.

Art. 5. — Ne constituent pas des manipulations frauduleuses aux termes de la loi du 1er août 1905 :

1º L'addition aux vinaigres de substances destinées exclusivement à les aromatiser ;

2º La coloration artificielle des vinaigres au moyen de caramel, de cochenille, d'orseille, ou de toute autre matière colorante dont l'emploi aura été déclaré licite par arrêté pris de concert par les Ministres de l'Agriculture et de l'Intérieur, sur avis du Conseil supérieur d'hygiène publique et de l'Académie de médecine.

Toutefois, *en cas de coloration artificielle,* afin d'éviter toute confusion dans l'esprit de l'acheteur sur la nature des vinaigres, du fait de leur coloration, la *dénomination employée doit être accompagnée du qualificatif « coloré ».* La *dénomination et le terme* « coloré » doivent être *imprimés en caractères identiques.*

Art. 6. — Dans les établissements où s'exerce le commerce de détail des vinaigres, il doit être apposé, d'une manière apparente, sur les récipients, emballages, casiers ou fûts, *une inscription indiquant la dénomination sous laquelle les vinaigres sont mis en vente.* Cette inscription doit être rédigée *sans abréviation* et disposée de façon à ne pas dissimuler la dénomination du produit.

Art. 7. — L'emploi de toute indication ou signe susceptible de créer dans l'esprit de l'acheteur une confusion sur la nature ou sur l'origine des produits visés au présent décret, lorsque, d'après la convention ou les usages, la désignation de l'origine attribuée à ces produits devra être considérée comme la cause principale de la vente, est interdite en toutes circonstances et sous quelque forme que ce soit, notamment :

1° Sur les récipients et emballages ;

2° Sur les étiquettes, capsules, bouchons, cachets ou tout autre papareil de fermeture ;

3° Dans les papiers de commerce, factures, catalogues, prospectus, prix courants, enseignes, affiches, tableaux-réclames, annonces ou tout autre moyen de publicité.

. . . .

Pour la coloration, conservation et emballage, voir le décret, l'arrêté du 28 juin 1912, pages 71 et 73 et la circulaire du 3 août 1912, page 82.

VINS ET VINS MOUSSEUX
EAU-DE-VIE ET SPIRITUEUX

Loi du 29 Juin 1907
modifiée par la loi du 28 Juillet 1912 (article 4)

Bien que cette loi ne réponde pas, en apparence, au cadre que nous nous sommes tracé pour cette brochure, nous avons cru en donner un extrait. Elle a pour but de prévenir le mouillage des vins et les abus de sucrage et par cela même, elle intéresse les propriétaires pour les déclarations qu'auront à faire, pendant ou après les vendanges, ceux qui veulent fabriquer du vin ou de la piquette, la quantité et l'usage qu'ils peuvent en faire ; elle intéresse aussi le commerçant qui est tenu, pour la vente du sucre et du glucose, à certaines obligations entraînant des peines très sévères si elles n'étaient pas observées. Enfin, elle se rattache au service de la répression des fraudes, puisque l'article 4 nouveau, se rapporte à des falsifications ou à la dénaturalisation du vin avec des substances spéciales.

Voici le texte de la loi :

Le Sénat et la Chambre des députés ont adopté.

Le Président de la République promulgue la loi dont la teneur suit :

Article premier. — Chaque année, après la récolte, tout propriétaire, fermier, métayer récoltant de vin, devra déclarer à la mairie de la commune où il fait son vin :

1° La superficie de vignes en production qu'il possède ou exploite ;

2° La quantité totale du vin produit et celle des stocks antérieurs restant dans la cave ;

3° S'il y a lieu, le volume ou le produit de vendanges fraîches qu'il aura expédiées ou le volume ou le poids de celles qu'il aura reçues ;

4° S'il y a lieu, la quantité de moûts qu'il aura expédiée ou reçue.

Ces déclarations seront inscrites sous le nom du déclarant, sur un registre restant à la mairie et qui devra être communiqué à tout requérant. Elles seront signées par le déclarant sur le registre ; il en sera donné récépissé.

Copie sera transmise par les soins de la mairie, au receveur buraliste de la localité qui ne pourra délivrer, au nom du déclarant, des titres de mouvement pour une quantité supérieure à la quantité déclarée.

Le relevé nominatif des déclarations sera affiché à la porte de la mairie.

Dès le début de la récolte, au fur et à mesure des nécessités de la vente, des déclarations partielles pourront être faites dans les conditions précédentes, sauf l'affichage qui n'aura lieu qu'après la déclaration totale.

Dans chaque département, le délai dans lequel devront être faites les déclarations, sera fixé, annuellement, à une époque aussi rapprochée que possible de la fin des vendanges et écoulages, par le Préfet, après avis du Conseil général.

Toute déclaration frauduleuse sera punie d'une amende de cent francs à mille francs (100 à 1.000 fr.).

Art. 2. — Toute personne recevant des moûts ou des vendanges fraîches, sera assimilée au propriétaire récoltant et tenue à la déclaration dans les trois jours de la réception et aux obligations de l'article premier.

Toute déclaration frauduleuse sera punie des mêmes peines.

Art. 3. — Tout expéditeur de marcs de raisins, de lies sèches et de levûres alcooliques, sera tenu de se munir à la recette buraliste la plus proche, d'un passavant de 10 centimes indiquant le poids expédié et l'adresse du destinataire.

Art. 4 (nouveau). — « Seront punis des peines prévues à l'article premier de la loi du 1er août 1905, ceux qui fabriqueront, exposeront, mettront en vente ou vendront, connaissant leur destination, des susbtances ayant une quelconque des destinations suivantes :

« Améliorer et bouqueter les moûts, les vins ou les eaux-de-vie naturelles, en vue de tromper l'acheteur sur leurs qualités substantielles, leur origine ou leur espèce ;

« Guérir les moûts ou les vins de leurs maladies en dissimulant leur altération ;

« Fabriquer des vins, des cidres et des poirés artificiels ;

« Donner à des spiritueux destinés à la consommation, sous quelque nom que ce soit, les caractères d'une eau-de-vie naturelle en faussant les résultats de l'analyse ;

« Marquer la falsification d'une boisson quelconque, en faussant les résultats de l'analyse ;

« Les pénalités, prévues au paragraphe ci-dessus, seront applicables à ceux qui, connaissant la destination de ces substances, auront provoqué à leur emploi, par le moyen de brochures, circulaires, prospectus, affiches, annonces ou instructions quelconques.

« La détention sans motifs légitimes de ces mêmes substances, sera punie des peines portées à l'article 4 de la loi du 1er août 1905.

Art. 6. — Quiconque voudra se livrer à la fabrication de vin de sucre pour sa consommation familiale, est tenu d'en faire la déclaration. La quantité de sucre employé ne pourra pas être supérieure à 20 kilogrammes pas membre de la famille et par domestique attaché à la personne, ni à 20 kilogrammes par 3 hectolitres de vendanges récoltées, ni au total de 200 kilogrammes pour l'ensemble de l'exploitation.

La fabrication des piquettes n'est autorisée que pour la consommation familiale et jusqu'à concurrence de 40 hectolitres par exploitaton.

Art. 7. — Les contraventions à l'article précédent seront punies d'une amende de cinq cents à cinq mille francs (500 à 5.000 fr.) et de la confiscation des boissons, sucres et glucoses saisis.

L'amende et doublée dans le cas de fabrication, de circulation ou de détention de vins de sucre ou de vins de marcs en vue de la vente. Dans ce cas, les contrevenants sont en outre punis d'une peine de six jours à six mois d'emprisonnement ; cette dernière pénalité sera doublée en cas de récidive.

Les mêmes peines sont appliquées aux complices des contrevenants.

Art. 8. — Tout commerçant qui voudra vendre du sucre et du glucose par quantité supérieure à 25 kilogrammes, est tenu d'en faire préalablement la déclaration à l'administration des contributions indirectes.

Il devra inscrire les réceptions de sucre et de glucose sur un carnet conforme au modèle qui sera établi par l'administration. Il mentionnera sur le même carnet les livraisons supérieures à 25 kilogrammes. Ce registre sera présenté à toute réquisition du service des contributions indirectes, qui procèdera à toutes vérifications nécessaires pour le contrôle des réceptions et des livraisons.

Toute contravention aux dispositions du présent

article sera puni des peines édictées par l'art. 3 de la loi du 30 décembre 1873. Est substitué le chiffre de 25 kilos au chiffre de 50 kilos, dans les art. 2, 3 et 4 de la loi du 6 août 1905.

En outre des pénalités édictées ci-dessus, les syndicats formés légalement pour la défense des intérêts généraux de l'agriculture ou de la viti-culture ou du commerce du trafic des vins, pourront se porter partie civile.

. . . .

Dans la circulaire ci-dessus qui paraît ne plus être d'actualité, mais qui pourrait malheureusement le redevenir, M. le Ministre de l'Agriculture pré-cise tellement les interdictions aux viticulteurs d'augmenter leur récolte par une fabrication arti-ficelle, qu'il nous a paru utile d'en donner le texte complet.

Le 12 Septembre 1910

Répression des fraudes sur les vins

Par suite des intempéries, la quantité de vin pro-duite cette année, en France, sera inférieure à la moyenne des années précédentes et, dans quelques départements particulièrement éprouvés, la récolte sera presque nulle.

En présence de cette situation qui provoque une élévation exceptionnelle du cours des vins, le bruit a été répandu que le gouvernement userait d'une large tolérance dans l'application des lois et règle-ments sur la répression des fraudes et que, notam-ment, il ne serait pas interdit aux viticulteurs d'augmenter leur récolte dans une certaine mesure en ajoutant de l'eau à la cuve et, même, que la fabrication et la vente des vins de sucre ou des piquettes seraient autorisées.

Il importe que de telles informations ne trouvent pas créance auprès des viticulteurs.

Je vous invite donc à redoubler de vigilance dans la stricte application des lois et règlements concernant la préparation et la vente des vins, et, afin qu'aucun doute ne subsiste dans votre esprit et qu'il vous soit possible de répondre avec la plus grande précision aux questions qui pourront vous être posées par les intéressés, en votre qualité d'agent du service de la répression des fraudes, je crois utile de vous rappeler les points principaux de la législation en vigueur :

1° *En aucun cas, on ne peut ajouter de l'eau à la vendange ; de même on ne peut y ajouter de l'alcool ;*

2° Lorsque les raisins sont trop mûrs, il est permis de relever leur acidité en ajoutant dans la cuve de l'acide tartrique pur (lequel acide est un produit extrait industriellement du raisin) ;

3° Au contraire, lorsque les raisins sont trop verts et, par conséquent, insuffisamment sucrés, on peut ajouter du sucre à la vendange ; mais on ne peut ajouter à la fois de l'acide tartrique et du sucre : l'un exclut l'autre.

La quantité de sucre à employer est limitée : elle ne doit pas dépasser 10 kilogrammes par 3 hectolitres de vendange ou 2 hectolitres de moût. En outre, l'opération doit être déclarée trois jours au moins à l'avance à la recette buraliste, en raison de la taxe complémentaire de 40 francs par 100 kilogrammes exigible au moment de l'emploi, qui frappe le sucre utilisé ;

4° En dehors du sucre, ou de l'acide tartrique, rien ne peut être ajouté à la vendange, exception faite toutefois pour quelques substances dont le rôle est exclusivement d'assurer une meilleure vinification : levures sélectionnées, bisulfites alcalins cristallisés purs, acide sulfureux provenant de la combustion des mèches soufrées, tanin, plâtre, phosphate de chaux ou d'ammoniaque. Ces produits n'interviennent, d'ailleurs, qu'en quantité très faible, dans les conditions fixées à l'article 3 du décret du 3 septembre 1907 sur les vins ;

5° Le vin ainsi préparé ne peut, à son tour, subir aucune addition ; il peut seulement être collé et méché, c'est-à-dire recevoir les soins qu'exige sa bonne conservation et, en vue d'empêcher le développement de la maladie de la casse, il peut recevoir une addition de 50 grammes d'acide citrique pur par hectolitre. Il est donc formellement interdit d'y ajouter de l'eau, de l'alcool ou du sucre, par exemple, même en faisant connaître ces opérations à l'acheteur, étant bien entendu, d'autre part, que celui-ci reste évidemment libre d'ajouter au vin qu'il consomme tout ce que bon lui semble ;

6° *Les marcs résultant du pressurage ou du foulage de la vendange peuvent être utilisés à la fabrication de « vin de sucre » par addition d'eau et de sucre ;* mais la boisson ainsi obtenue doit servir exclusivement à la consommation familiale et ne peut, sous aucun prétexte, être vendue ni mélangée au vin.

Le sucre employé à cette fabrication n'est soumis à aucune taxe complémentaire, mais on n'en peut employer plus de 20 kilogrammes par 3 hectolitres de vendanges, ni plus de 20 kilogrammes par membre de la famille ou par domestique attaché à la personne, ni, au total, plus de 200 kilogrammes pour l'ensemble de l'exploitation.

En outre, cette fabrication doit faire l'objet d'une déclaration à la recette buraliste ;

7° *Les marcs peuvent également être utilisés, par*

simple addition d'eau, à la préparation de « piquette », mais, comme le vin de sucre, cette boisson doit être réservée à la consommation familiale ; en outre, il est interdit d'en fabriquer plus de 40 hectolitres par exploitation ;

8° *Il est donc interdit aux débitants, épiciers, hôteliers,* par exemple, *de fabriquer, en vue de les vendre sous quelque dénomination que ce soit,* des boissons avec des raisins ou des marcs, du sucre et de l'eau, ou de fabriquer *ces boissons pour les mélanger à du vin.*

Aucune dérogation ne peut être apportée aux règles que je viens de rappeler et à l'observation desquelles, dans la mesure de vos attributions, je vous prie de veiller avec le plus grand soin pendant la période des vendanges qui commence.

Vous voudrez bien procéder à des prélèvements d'échantillons dans la forme ordinaire, sur tous les produits qui vous paraîtraient suspects, et signaler au Service des Contributions indirectes tous les faits qui vous sembleraient délictueux en ce qui concerne le sucrage des vendanges ou des marcs.

Je vous rappelle que votre qualité d'agent du service de la répression des fraudes vous permet de pénétrer, en vue d'opérer des prélèvements, dans tous les lieux où des vins sont préparés ou détenus en vue de la vente, c'est-à-dire ne sont pas exclusivement réservés à la consommation familiale.

La cave d'un propriétaire n'est pas comprise comme lieu de vente. (Voir 1re partie, page 16, les arrêts de la Cour de cassation).

Décret du 3 Septembre 1907

Le Président de la République française,
Sur le rapport des Ministres de la Justice, des Finances, de l'Agriculture, du Commerce et de l'Industrie,
Vu la loi du 1er août 1905....................
....

Décrète :

TITRE PREMIER

VINS

Article premier. — Aucune boisson ne peut être détenue ou transportée en vue de la vente, mise en vente ou vendue sous le nom de vin, que si elle provient exclusivement de la fermentation du raisin frais ou du jus de raisin frais.

Article 2. — Sont considérées comme frauduleuses, les manipulations et pratiques qui ont pour objet de modifier l'état naturel du vin, dans le but soit de tromper l'acheteur, soit d'en dissimuler l'altération.
....

Article 3. — Ne constituent pas des manipulations et pratiques frauduleuses aux termes de la loi du 1er août 1905, les opérations ci-après qui ont uniquement pour objet la vinification régulière ou la conservation des vins :

1° En ce qui concerne les vins :
Le coupage des vins entre eux ;
La congélation des vins en vue de leur concentration partielle ;
La pasteurisation ;
Les collages au moyen de clarifiants consacrés par l'usage, tels que l'albumine pure, le sang frais, la

caséine pure, la gélatine pure ou la colle de poisson ;

L'addition du tannin dans la mesure indispensable pour effectuer le collage au moyen des albumines ou de la gélatine ;

La clarification des vins blancs tachés, au moyen du charbon pur ;

Le traitement par l'anhydride sulfureux pur provenant de la combustion du soufre, et par les bisulfites alcalins cristallisés purs. Les quantités employées seront telles que le vin ne retienne pas plus de 350 milligrammes d'anhydride sulfureux, libre et combiné, par litre. En aucun cas, les bisulfites alcalins ne peuvent être employés à une dose supérieure à 20 grammes par hectolitre ;

2° En ce qui concerne les moûts :

Indépendamment de l'emploi du plâtre et du sucre dans les limites fixées par les lois du 11 juillet 1891 et du 28 janvier 1903 :

Le traitement par l'anhydride sulfureux et par les bisulfites alcalins dans les conditions fixées ci-dessus pour les vins ;

L'addition de tannin ;

L'addition à la cuve d'acide tartrique cristallisé pur dans les moûts insuffisamment acides. L'emploi simultané de l'acide tartrique et du sucre est interdit ;

L'emploi des levures sélectionnées.

Art. 4. — Dans les établissements où s'exerce le commerce de détail des vins, *il doit être apposé d'une manière apparente, sur les récipients, emballages, casiers ou fûts, une inscription indiquant la dénomination sous laquelle le vin est mis en vente.*

Cette inscription n'est pas obligatoire pour les bouteilles et récipients dans lesquels les vins de consommation courante sont emportés séance tenante par l'acheteur ou servis par le vendeur pour être consommés sur place.

Les inscriptions doivent être *rédigées sans abré-*

viation et disposées de façon à ne pas dissimuler la *dénomination du produit.*

TITRE II

VINS MOUSSEUX

Art. 5. — Les dispositions du titre premier du présent décret sont applicables aux vins mousseux.

Indépendamment des manipulations et pratiques prévues à l'article 3 ci-dessus, sont considérés, comme licites, en ce qui concerne spécialement les vins mousseux :

1° Les manipulations et traitements connus sous le nom de méthode champenoise ;

2° La gazéification par l'addition d'acide carbonique pur.

Aucun vin ne peut être détenu ou transporté en vue de la vente, mis en vente ou vendu sous la seule dénomination de « vin mousseux », *que si son effervescence résulte d'une seconde fermentation alcoolique en bouteilles,* soit spontanée, soit produite suivant la méthode champenoise.

Lorsque l'effervescence d'un vin est produite, même partiellement, par l'addition d'acide carbonique, il n'est pas interdit d'employer dans sa dénomination le mot « *mousseux* », *mais à la condition qu'il soit accompagné du terme* « *fantaisie* », d'un qualificatif différenciant ce vin de ceux prévus à l'alinéa précédent, de telle façon qu'aucune confusion ne soit possible dans l'esprit de l'acheteur sur le mode de fabrication employé, la nature ou l'origine du produit.

Dans les inscriptions et marques figurant sur les récipients, le mot « *mousseux* » *et le qualificatif qui l'accompagne* ou le terme « *fantaisie* » doivent être *imprimés en caractères identiques.*

TITRE III

EAUX-DE-VIE ET SPIRITUEUX

Art. 6. — Il est interdit de détenir ou de transporter en vue de la vente, de mettre en vente et de vendre sous les dénominations fixées au présent article, des produits autres que ceux ayant, aux termes dudit article, un droit exclusif à ces dénominations.

Les dénominations d'eau-de-vie de vin, d'alcool de vin ou d'esprit de vin sont réservées aux produits provenant de la distillation exclusive du vin tel qu'il est défini au titre premier du présent règlement.

Les dénominations d'eau-de-vie de cidre ou de poiré sont réservées aux produits provenant de, la distillation exclusive des cidres et poirés.

La dénomination d'eau-de-vie de marc ou de marc est réservée à l'eau-devie provenant de la distillation exclusive des marcs de raisin frais additionnés ou non d'eau.

La dénomination de kirsch est réservée au produit exclusif de la fermentation alcoolique et de la distillation des cerises ou des merises.

Les dénominations d'eau-de-vie de prunes, mirabelles, quetsch ou de tous autres fruits sont réservées au produit exclusif de la fermentation alcoolique et de la distillation desdits fruits.

La dénomination de genièvre est réservée à la boisson alcoolique obtenue, dans les conditions prévues à l'article 15 de la loi du 30 mars 1902, par la distillation simple, en présence de baies de genièvre, du moût fermenté de seigle, de blé, d'orge ou d'avoine.

La dénomination de rhum ou de tafia est réservée au produit exclusif de la fermentation alcoolique et de la distillation soit du jus de la canne à sucre, soit des mélasses ou sirops provenant de la fabrication du sucre de canne.

Art. 7. — Les spiritueux visés à l'article précédent, lorsqu'ils ne proviennent pas en totalité d'une même région ou d'un même cru, *ne peuvent être désignés sous l'appellation réservée aux produits de cette région ou de ce cru particulier.*

Les mélanges d'eau-de-vie de cidre, de poiré, de prunes, mirabelles, quetsch ou de tous autres fruits avec de l'eau-de-vie de vin ou avec des alcools d'industrie, ainsi que les mélanges d'eau-de-vie de vin et d'alcools d'industrie, *peuvent être désignés sous le nom d'eau-de-vie.*

Les mélanges d'eau-de-vie de marc, de kirsch, de rhum ou de tafia avec des eaux-de-vie ou avec des alcools d'industrie peuvent être désignés sous leur nom spécifique, mais accompagné du terme « *fantaisie* » *ou d'un qualificatif les différenciant* des produits définis à l'article précédent, de telle façon qu'aucune confusion ne puisse se produire dans l'esprit de l'acheteur sur la nature ou l'origine des produits. (Voir art. 4 de la loi du 29 juin 1907, page 193).

Dans les inscriptions et marques servant à désigner les mélanges ou les spiritueux visés au présent article, *la dénomination du produit et le qualificatif qui l'accompagne, ou le terme « fantaisie », doivent être imprimés en caractères identiques.*

Art. 8. — Sont considérées comme frauduleuses les manipulations et pratiques destinées à modifier l'état naturel des eaux-de-vie et spiritueux, dans le but de tromper l'acheteur sur les qualités substantielles, la composition ou l'origine de ces produits.

En conséquence, rentre dans le cas prévu par l'article 3 de la loi du 1ᵉʳ août 1905 le fait d'exposer, de mettre en vente ou de vendre, sous forme indiquant leur destination ou leur emploi, tous produits, de composition secrète ou non, pouvant servir à effectuer les manipulations ou opérations ci-dessus visées.

Art. 9. — Dans tous les établissements où s'exerce

le commerce de détail des eaux-de-vie et spiritueux, les bouteilles, récipients et emballages renfermant les produits visés au présent titre *doivent porter une inscription indiquant, en caractères apparents, la dénomination sous laquelle ces produits sont mis en vente ou détenus en vue de la vente.*

Cette inscription doit être rédigée *sans abréviation* et disposée de façon à ne pas dissimuler la dénomination du produit.

TITRE IV

DISPOSITIONS GÉNÉRALES APPLICABLES AUX VINS, AUX VINS MOUSSEUX ET AUX EAUX-DE-VIE ET SPIRITUEUX

Art. 10. — En vue d'assurer la protection des appellations régionales et de crus particuliers réservés aux vins, vins mousseux, eaux-de-vie et spiritueux qui ont, par leur origine, un droit exclusif à ces appellations, il sera statué ultérieurement, par des règlements d'administration publique, *sur la délimitation des régions pouvant prétendre exclusivement aux appellations de provenance des produits.*

Art. 11. — Il est interdit à toute personne se livrant au commerce des vins ou des eaux-de-vie et spiritueux de *faire figurer sur ses étiquettes, marques, factures, papiers de commerce, emballages et récipients, la mention « propriétaire à....... », « viticulteur à....... », « négociant à....... » ou « commerçant à....... », suivie du nom d'une région ou d'un cru particulier sur le territoire desquels elle ne possède ni propriété, ni vignoble, ni établissement commercial.*

Art. 12. — Lorsqu'un nom de localité constitue une appellation désignant un produit qui a un droit exclusif à cette appellation, les propriétaires, viticulteurs, négociants ou commerçants résidant dans cette localité, quand ils mettent en vente ou vendent un produit n'ayant pas droit à ladite appellation, ne peuvent faire figurer sur leurs étiquettes, marques, factures, papiers de commerce, emballages et récipients, *le nom de ladite localité qu'à condition de le faire précéder des mots « propriétaire à... », « viticulteur à... », « négociant à... » ou « commerçant à... », suivis de l'indication du département où est située la localité, le tout imprimé en caractères identiques.*

Art. 13. — L'emploi de toute indication ou signe susceptible de créer dans l'esprit de l'acheteur une confusion sur la nature ou sur l'origine des produits visés au présent décret, lorsque, d'après la convention ou les usages, la désignation de l'origine attribuée à ces produits devra être considérée comme la cause principale de la vente, est interdit en toutes circonstances et, sous quelque forme que ce soit, notamment :

1° Sur les récipients et emballages ;

2° Sur les étiquettes, capsules, bouchons, cachets ou tout autre appareil de fermeture ;

3° Dans les papiers de commerce, factures, catalogues, prospectus, prix courants, enseignes, affiches, tableaux-réclames, annonces, ou tout autre moyen de publicité.

Au nombre de ces dispositions spéciales viennent s'ajouter celles qui font l'objet de la loi du 15 juillet 1907 et qui intéressent particulièrement la circulation des eaux-de-vie. Nous donnons, en conséquence, les articles de la dite loi qui mentionnent les obligations à observer.

. . . .

Art. 3. — A partir du 1ᵉʳ janvier 1908 les eaux-de-vie et alcools naturels, provenant uniquement de la distillation des vins, cidres, poirés marcs, cerises et prunes, ne pourront bénéficier du titre de mouvement sur papier blanc prévu par la loi du 31 mars 1903 que s'ils sont emmagasinés dans des locaux séparés par la voie publique de tous locaux qui contiendraient des spiritueux n'ayant droit qu'au titre de mouvement sur papier rose prévu par le même article.

Les eaux-de-vie et alcools naturels provenant de la distillation des vins, cidres, poirés, marcs, cerises et prunes et admis au bénéfice de l'art. 24 de la loi du 30 mars 1903 ne pourront, à dater du 1ᵉʳ janvier 1908, continuer à profiter de ce bénéfice que sous les conditions prévues au paragraphe précédent.

Les eaux-de-vie et alcools naturels visés au 1ᵉʳ paragraphe du présent article et les eaux-de-vie et alcools naturels visés au 2ᵉ paragraphe devront être emmagasinés dans des locaux distincts.

Art. 4. — Pour les eaux-de-vie et alcools naturels envoyés à destination d'entrepositaires, les bulletins d'origine accompagnant les acquits-à-caution seront retirés par le service au moment de la prise en charge et détruits par ses soins.

. . . .

Voir commentaires dans la circulaire suivante.

Circulaire ministérielle

Afin d'éviter de commettre des erreurs ou de mal interpréter le règlement qui précède, M. le Ministre de l'Agriculture a adressé aux agents du service de la répression des fraudes une circulaire explicative pour en faciliter l'application.

1° *Vins.* — « J'appelle, leur dit M. le Ministre de l'Agriculture, votre attention sur ce fait que la constatation des infractions au dit règlement, en ce qui concerne les parties des articles 4, 5, 7, 9, 12 et 13 du décret du 3 septembre 1907, se rapportant à l'étiquetage des récipients, n'entraîne pas nécessairement un prélèvement d'échantillons. Un procès-verbal relatant le fait délictueux est suffisant dans les cas tels que le défaut d'étiquetage des vins et spiritueux placés dans les établissements où s'exerce le commerce de détail de ces produits.

Il peut donc y avoir en même temps :

1" Un procès-verbal pour constater le délit sus-indiqué ;

2° Un prélèvement d'échantillons.

Et ajoutons à cette remarque de M. le Ministre que le premier de ces procès-verbaux est indépendant du second, qu'il entraîne seul les poursuites correction-nelles et que cela n'empêcherait pas celles qui seraient exercées si le produit contenu dans le réci-pient se trouvait fraudé.

Si les auteurs du règlement en ont ainsi décidé, c'est qu'ils ont voulu que l'acheteur, en pénétrant dans un magasin de détail, sache quelle est la nature des produits exposés en vente et puisse faire son choix en connaissance de cause.

Et, pour cette raison, M. le Ministre de l'Agri-culture estime que l'apposition des inscriptions ré-glementaires, est sans objet dans les endroits où l'acheteur ne pénètre pas.

Mais dans tous les locaux (d'un établissement de détail) ouverts à l'acheteur, il est nécessaire que chaque lot de marchandise, chaque casier et cha-que fût porte la dénomination sous laquelle les pro-duits qu'il contient sont mis en vente.

Néanmoins il reste entendu que s'il s'agit de vins de consommation courante, les bouteilles extrai-tes de ces casiers ou celles qui sont remplies au fût peuvent être livrées sans étiquettes au consomma-teur. Il en est de même du broc servant pour le tirage au fût.

Cette dispense ne vise pas les vins pour lesquels la désignation d'origine est la cause principale de la vente, c'est-à-dire les vins de crus déterminés, lesquels ne sont évidemment pas de consommation courante. Pour de tels vins, il demeure entendu, cependant, que chacune des bouteilles, tant qu'elle séjourne dans un casier, peut, comme précédemment, n'être pas munie d'une étiquette ; mais il faut qu'une étiquette, contenant les mêmes indications imprimées ou manuscrites que celles portées sur le casier dont elle provient, lui soit apposée lorsqu'elle est extraite dudit casier pour être livrée à l'acheteur.

2° *Eaux-de-vie.* — Quant aux eaux-de-vie, aucune exception (du genre de celle de l'art. 4 précité) n'est stipulée à l'article 9, et, par suite, il y a lieu d'exiger que toutes les bouteilles, fioles et carafons livrés aux consommateurs, *soit pour être emportés, soit pour la consommation dans l'établissement, portent les étiquettes réglementaires, qu'ils contiennent des produits de consommation courante ou non.*

Ce serait une erreur de croire que le Règlement impose aux vendeurs l'obligation d'indiquer l'origine et la nature des produits offerts à la vente. Sa portée est différente : en exigeant qu'une inscription indique la dénomination sous laquelle les produits sont mis en vente, il laisse au commerçant le soin de ne mentionner que les indications dont il est certain, et sous sa responsabilité.

Autrement dit, le détaillant qui vend un vin à 60 centimes le litre peut se contenter d'indiquer sur le fût : « Vin à 60 centimes le litre », sans mentionner son origine, s'il a des doutes à cet égard ; mais s'il annonce : « Vin de Bourgogne à 60 centimes le litre », il est entendu que, sous réserve du recours qu'il peut avoir contre son vendeur, il engage sa responsabilité quant à l'origine du produit. *L'apposition, dans son établissement, d'une pancarte annonçant à la clientèle que tous les produits vendus dans l'établissement sont de* fantaisie *ne saurait le dispenser de l'obligation qui lui est faite de revêtir les produits mis en vente des inscriptions réglementaires.*

Enfin, bien que le Règlement exige que les qualificatifs tels que « fantaisie » soient portés dans le corps de l'étiquette et en caractères de même dimension que ceux employés pour la dénomination du produit, il y aura lieu d'user d'une certaine tolérance à l'égard des commerçants qui, pendant quelque temps encore, utiliseront d'anciennes étiquettes, en y adjoignant, pour les rectifier ou les compléter, une étiquette complémentaire, à la condition toutefois que cette manière de faire ne vous paraisse pas employée seulement dans le but d'échapper aux prescriptions du Règlement.

Par l'article 5, une distinction nécessaire est établie entre les vins mousseux de Champagne, les vins mousseux en général et les vins gazéifiés ; vous voudrez bien veiller à ce que, sur les papiers de commerce, catalogues, affiches, prix-courants, et notamment sur les cartes des vins dans les hôtels et restaurants, ces trois catégories de vins soient, non pas confondues sous la même rubrique, mais, au contraire, nettement séparées en trois groupes.

Produits œnologiques. — Il est nécessaire que le producteur ou le négociant qui soumet un vin ou une eau-de-vie à un traitement comportant l'addition d'un produit quelconque connaisse exactement la nature dudit produit, car l'opération à laquelle il se livre engage sa responsabilité.

Pour cette raison, les articles 2 et 8 du Règlement font une obligation aux fabricants de produits destinés au traitement des vins ou des eaux-de-vie d'en indiquer toujours *la nature sur les étiquettes et dans les prospectus* qui les accompagnent, et de faire connaître leur composition lorsqu'ils renferment les substances suivantes, dont l'emploi n'est légal qu'à dose limitée :

Anhydride sulfureux ;

Sulfites alcalins ;

Acide citrique employé à la dose de 0 gr. 5 par litre.

La constatation des infractions au Règlement à

l'égard de ces produits devra toujours être accompagnée du prélèvement des échantillons, afin que l'analyse puisse en faire connaître la véritable nature.

La loi du 1er août 1905, concernant la répression des fraudes, autorise le prélèvement d'échantillons sur les boissons qui paraissent falsifiées ou adultérées. Suivant qu'ils sont effectués dans les magasins de redevables jouissant du crédit de l'impôt ou en cours de transport, ces prélèvements peuvent entraîner soit la constatation des manquants au compte des redevables, soit un défaut d'identité entre le titre de mouvement et le chargement.

Pour obvier à ces inconvénients en ce qui concerne *les eaux-de-vie et spiritueux, vermouts, vins de liqueur ou d'imitation et vinaigres*, les agents de prélèvement devront *aussitôt le prélèvement effectué*, adresser au directeur départemental des Contributions indirectes, dans la circonscription duquel se trouvent le lieu de destination des boissons expédiées ou les magasins où l'échantillon est prélevé un procès-verbal administratif sur papier libre.

Pour donner à ces documents un caractère plus certain d'authenticité, il conviendrait qu'après les avoir signés vous les revêtissiez de votre cachet personnel ou administratif.

En ce qui concerne les *vins, cidres, poirés*, étant donné, d'une part, la somme minime des droits que représentent les quantités prélevées à titre d'échantillon, d'autre part le faible volume des prélèvements par rapport à l'importance des chargements de ces boissons, j'estime que pareille mesure est inutile.

Afin de vous mettre en mesure de renseigner les intéressés sur les conditions dans lesquelles s'exercera le contrôle de l'Administration des contributions indirectes à l'égard des marchandises sur lesquelles un prélèvement aura été opéré, j'ai l'honneur de vous faire connaître les instructions qui viennent d'être adressées à ce sujet aux agents de cette administration.

Quand le prélèvement aura été effectué dans les magasins d'un redevable jouissant du crédit de l'impôt, le service des Contributions indirectes, au vu du procès-verbal administratif qui lui aura été transmis, donnera décharge, par un acte motivé au compte de l'intéressé, de la quantité échantillonnée, sauf, s'il y a lieu, rectification ultérieure, en ce qui concerne le degré des alcools, des vermouts et des vins de liqueur et des vinaigres.

Lorsque le prélèvement aura lieu en cours de route, la représentation du récépissé, qui, *en vue d'un remboursement éventuel*, est remis au transporteur conformément aux prescriptions de l'article 9 du décret du 31 juillet 1906, permettra de justifier, aussi bien d'ailleurs pour les vins, les cidres et les poirés que pour les spiritueux, les vermouts et vins de liqueur et les vinaigres, le défaut d'identité que les vérifications ultérieures pourraient faire apparaître. Après reconnaissance du chargement à l'arrivée, le service des Contributions indirectes du point de destination effectuera, le cas échéant, la liquidation des droits ou la prise en charge, d'après la quantité de boisson reconnue ; mais pour les alcools, les vermouts et vins de liqueur et les vinaigres, la décharge de l'acquit-à-caution restera suspendue jusqu'à ce que la réception du procès-verbal administratif ait permis de s'assurer que la différence constatée en moins correspond bien à la quantité prélevée à titre d'échantillon.

II. — Je vous rappelle que la valeur des échantillons prélevés en dehors des barrières, sur un produit à destination d'une ville à octroi, ne doit pas être majorée des droits d'octroi correspondants à la quantité prélevée, car la taxe est perçue sur la quantité réelle de la marchandise qui pénètre dans la ville et ne porte, par conséquent, pas sur le manquant.

III. — On sait que certaines boissons ne peuvent, *sans s'altérer profondément, rester dans des fûts en vidange. C'est le cas des vins, des bières et des cidres.* Vous devez donc vous efforcer *d'opérer les prélèvements dans des conditions telles, que l'expéditeurs soit à même de remplir à nouveau le fût* (il conviendrait à cet effet de lui envoyer un avis aussitôt après le prélèvement) ou que le destinataire puisse prendre livraison avant que le produit ait eu le temps de s'altérer dans le fût en vidange. Autrement dit, il est désirable que les prélèvements de cette nature soient effectués au départ ou à l'arrivée.

Dans le même but de ne pas causer de dommages inutiles aux intéressés, vous voudrez bien éviter, autant que possible, l'emploi du foret qui détériore les fûts.

Dans un ordre d'idées analogue, je ne saurais trop vous recommander de ne jamais vous départir, dans l'exécution des prélèvements, de tout le tact nécessaire, afin de ne pas éveiller dans le public des soupçons injustes et prématurés à l'égard des commerçants qui sont l'objet de cette mesure de contrôle.

Les prélèvements du vin doivent être faits avec le plus grand soin, ainsi qu'il est dit dans l'arrêté du 1er août 1906, page   , mais il est indispensable non seulement de faire connaître avec exactitude la dénomination sous laquelle un vin est mis en vente, et, s'il y a lieu, la nature des éléments de coupage quand il ne s'agit pas d'un vin d'une origine déterminée.

D'autre part, en raison de l'intérêt que présentent les *prélèvements de comparaison,* il y aurait lieu de demander *qu'il en soit fait d'office,* chaque fois que la chose sera possible et exiger que cela soit signalé pour que le laboratoire sache quels sont les échantillons à comparer. Ces prélèvements de comparaison peuvent être faits, par exempe, si le liquide provient de deux établissements différents (celui du détaillant et du fournisseur) ou du même établissement (un échantillon prélevé en cours de débit sur le comptoir, un autre prélevé à la cave, sur ce qui reste dans le fût).

Pour la coloration, la conservation et l'emballage, voir le décret, l'arrêté du 28 juin 1912, page 73 et la circulaire ministérielle du 3 août 1912, page 82.

TROISIÈME PARTIE

Notes indiquant les garanties des négociants

OBSERVATIONS
SUR LES PRÉLÈVEMENTS

Surveillance des opérations

Il est de la plus haute importance pour les commerçants et pour tous ceux qui sont assujettis à la loi du 1er août 1905 sur la répression des fraudes, de veiller avec la plus grande attention à la façon dont les agents de ce service opèrent les prélèvements. Il est de leur intérêt de prendre connaissance du contenu du procès-verbal, notamment en ce qui concerne la dénomination du produit, les marques et inscriptions relevées, les détails des précautions prises pour que les 4 échantillons soient homogènes et identiques et de ne signer ce document qu'après y avoir fait enregistrer les remarques que les intéressés auraient à présenter sur l'inobservation des mesures prescrites par les règlements pour faire les prélèvements et qui sont leur garanties, ainsi que l'a reconnu, dans le texte d'un jugement du 7 décembre 1907, le tribunal de la Seine qui s'exprime ainsi :

« Attendu qu'il est hors de doute que les délits de fraude que réprime la loi de 1905, sont des délits de droit commun, que cette loi n'a supprimé aucun des modes de preuve admis en matière de droit commun ; que, dès lors, ces délits peuvent être recherchés et poursuivis comme les autres délits, du moment qu'ils ont été découverts par un des moyens ordinaires que prévoit le droit commun, sans cependant emprunter ou avoir recours, pour la découverte, à la mesure exhorbitante de droit commun que prévoit la loi ;

« Attendu que c'est cette mesure nouvelle qu'il y a lieu de mettre bien en lumière pour démontrer que, lorsque le législateur en a autorisé le fonctionnement, il a entendu, en même temps, pour en contrebalancer le caractère exhorbitant, créer une procédure régulière et pleine de garanties, *qu'on doit strictement observer dans tous ses détails*, à moins d'impossibilité ; qu'en effet, le législateur de 1905, a innové, en autorisant des agents spécialement désignés, à s'introduire chez des négociants sur lesquels ne plane même pas le plus léger soupçon, pour rechercher s'ils ne sont pas fraudeurs, ou s'ils ne détiennent pas des marchandises falsifiées, corrompues ou toxiques ;

« Attendu que ce nouveau droit, qui revêt un caractère inquisitorial qui est aussi une mesure de protection, pour le commerce honnête, ne permet pas aux agents, chargés de son exécution, de se servir d'une procédure autre que celle étroitement précisée dans la loi et dans le règlement d'administration qui s'en est suivi ;

« Attendu que, bien que le législateur n'ait pas prononcé les mots « à peine de nullité », celle-ci en découle nécessairement pour tous les actes préparatoires qui seraient irréguliers, car c'est le reflet de l'esprit de la loi ; que ces principes sont consacrés par un arrêt de la Cour de cassation qui dit en résumé, que, bien que le tribunal puisse fixer sa conviction là où il la trouve, il n'en est pas moins certain que, lorsqu'il puise sa conviction de culpabilité sur l'analyse des produits prélevés conformément à la loi de 1905, *les formalités des lois et règlement d'administration doivent être rigoureusement observés..... »*

Et le tribunal correctionnel de Belfort (21 février 1908) :

« Attendu qu'aux termes de l'art. 8 du décret

du 31 juillet 1906, chaque échantillon doit être muni d'une étiquette composée de deux parties..... ;

Que l'art. 10 du même décret contient les prescriptions suivantes : « Le talon seul suit l'échantillon au laboratoire, le volant, préalablement détaché est annexé au procès-verbal » ;

« Attendu qu'il s'agit de formalités présentant un intérêt pour la défense de la personne mise en cause ;

« Attendu que, dès lors, on ne saurait les considérer autrement que comme prescrites à peine de nullité ;

« Attendu que, dans l'espèce, il est établi et reconnu que le volant est encore conservé à la préfecture..... ;

« Attendu que, par suite, *l'une des garanties* données par la loi à la prévenue, a été méconnue..... » ;

« Attendu, en conséquence, qu'une prescription essentielle de la loi n'ayant pas été observée les poursuites et les autres actes qui en ont été la suite, se trouvent viciés.

. . . .

« Par ces motifs,

« Déclare les poursuites dont fait l'objet la prévenue, nulles et viciées. »

Ces deux exemples suffisent pour établir combien il est utile pour l'intéressé de s'assurer que le prélèvement a bien été fait, conformément aux prescriptions de la loi et si l'agent de prélèvement néglige d'observer toutes les formalités, il y aura lieu de le lui faire remarquer et d'exiger qu'il en fasse mention, dans son procès-verbal de prélèvement, à la place réservée aux observations du vendeur.

L'arrêté du 1ᵉʳ août 1906, reproduit dans la 1ʳᵉ partie de la brochure, devra être consulté, pour connaître les formalités qu'il impose d'une façon générale, pour le prélèvement des échantillons sur la plus grande partie des marchandises, et consulter pour les cas particuliers les divers articles qui se rapportent à chacune d'elles.

Garantie des échantillons

Il est une précision qui n'a pas été insérée dans la loi et qui a pourtant son importance au point de vue de la garantie qui doit être donnée au propriétaire de la marchandise ; elle a pour but de lui laisser la certitude qu'aucune substitution, soit volontaire, soit involontaire, ne pourra être opérée dans les échantillons, jusqu'au moment où, le cas échéant, il y aurait lieu à expertise contradictoire.

Il est certain que rien ne pourrait empêcher un agent prévaricateur, tant qu'il resterait en possession des échantillons qu'il a prélevés et qu'il a scellés avec son cachet, officiel ou non, de défaire les scellés et d'altérer la marchandise. Si la loi n'a pas inséré à ce sujet une clause protectrice, M. le Ministre de l'Agriculture y a remédié.

Dans les instructions qu'il a données aux agents de prélèvements dans sa circulaire du 14 janvier 1908, M. le Ministre de l'Agriculture s'exprime ainsi :

« Enfin, aussi bien pour les boissons que pour les denrées alimentaires, en général, j'appelle votre attention sur la nécessité *de sceller les échantillons, de telle sorte qu'aucune substitution de produits ne soit possible* et, à cet égard, vous pouvez offrir aux intéressés, comme garantie, d'apposer leur signature sur les étiquettes, et *leur cachet sur les échantillons.* Toutefois, le dit cachet ne devra pas *être apposé sur l'un des quatre échantillons* qui ne devra porter aucune indication, afin d'être envoyé au laboratoire dans les conditions voulues par le décret du 31 juillet 1906. »

Cette précaution était indispensable pour les assujettis, du moment qu'aucun échantillon officiel ne leur est laissé entre les mains. Par ce moyen, au moment de l'expertise contradictoire, ils pourront s'assurer ou charger leurs experts de s'assurer que les cachets dont sont revêtus les échantllons, portent bien la même estampille que ceux qu'ils ont fait apposer au moment du prélèvement. D'ailleurs, pour éviter, sur ce point, tout oubli ou toute contestation possible, les intéressés devront exiger que le procès-verbal fasse mention de cette estampille et de la couleur de la cire qui a servi à cacheter les échantillons.

Prélèvements de comparaison

En admettant que le produit prélevé chez un détaillant soit reconnu falsifié par l'analyse, l'intéressé qui aura débité sa marchandise telle qu'elle lui a été livrée, ne manquera pas, avec juste raison, de l'affirmer au magistrat chargé de l'instruction. Celui-ci prendra bien toutes les mesures nécessaires pour établir les responsabilités, mais sera-t-il encore à temps d'arriver à un résultat certain si le lot des marchandise expédiées au détaillant par son fournisseur est épuisé ? Sans doute, le juge d'instruction prescrira des prélèvements dans les magasins de ce dernier ou sur les marchandises qu'il aura expédiées et qui n'auront pas encore été livrées, mais s'il est reconnu que ces nouveaux échantillons ne sont ni fraudés, ni falsifiés, cela ne prouvera pas que les marchandises du détaillant poursuivi ne le fussent pas. Rien cependant ne viendra éclairer la religion du juge qui sera obligé de laisser la responsabilité au dernier possesseur de la marchandise.

Afin d'obvier à cet inconvénient et de permettre au juge d'instruction de pouvoir établir les responsabilités, tout détaillant devra demander à l'agent de prélèvement qui a des instructions pour cela, de prendre un second prélèvement dans la marchandise de même nature qu'il aura encore en magasin, revêtu des marques authentiques de l'expéditeur, ou, si cela est possible, d'opérer un contre-prélèvement chez le fournisseur.

Dès lors, le laboratoire qui reçoit les deux échantillons, avec les indications nécessaires, peut conclure avec plus de certitude, ainsi que les experts auxquels les deux échantillons sont remis.

Prélèvements dits de garantie

Mais il n'est pas toujours possible au détaillant de faire opérer ce double prélèvement, malgré qu'il reçoive une grande quantité d'un même produit. Celui qui reçoit un fût d'huile d'olive, par exemple, ne pourra pas, du moment que son fût sera en vidange, établir que l'huile d'olive qu'il renferme est bien celle qui lui a été livrée par son fournisseur, car rien ne l'aurait empêché d'y ajouter un mélange quelconque. Cependant, il pourrait bien se faire que cette denrée, qui lui a été vendue et garantie sur facture comme « huile d'olive pure », ait été falsifiée par l'expéditeur.

Comment pourra-t-il établir sa bonne foi si l'huile qu'il a détaillée, en confiance, comme « huile d'olive pure » se trouve fraudée ? C'est là une question qui nous a été souvent posée et qu'il ne paraît pas facile de résoudre.

Sans doute si, au moment de l'expédition ou de la livraison, un échantillon du produit était officiellemest prélevé, les garanties du fournisseur et celles de l'acheteur se trouveraient assurées, mais le service des prélèvements ne peut être à la disposition des particuliers, à moins que ceux-ci, soupçonnant une infraction en apparence justifiée, viennent la leur signaler. (Voir circulaire du 12 mars 1907, 1re partie, page 36). Causes de prélèvements, 4e alinéa.

Dans ces conditions, pour arriver à la solution de ce problème, il y a lieu de chercher ailleurs que dans la procédure officielle.

Trois moyens nous paraissent efficaces :

1º Les commerçants, soumis à la loi sur la répression des fraudes, devraient exiger que leurs fournisseurs aient sur les lieux un homme désigné (le même pourrait faire pour tous), pour assister au moment de la réception de la marchandise à la prise d'un échantillon, qu'il scellerait avec son cachet, et avec celui du destinataire, ou mieux, avec les deux. Cet échantillon pourrait être déposé à la marie ou conservé, soit par le représentant, soit par le destinataire.

2° Faire prendre, de la même façon et avec les mêmes précautions, un échantillon en présence d'un huissier qui ferait un procès-verbal de constat.

3° Prendre, en présence de deux témoins honorables un échantillon qui serait scellé dans les conditions indiquées plus haut ou le faire prélever par un fonctionnaire ou agent assermenté (commissaire, garde-champêtre, etc.), qui pourrait être, à ces fins, désigné par le maire de la commune.

Le premier de ces moyens présente quelques difficultés. Pour le mettre à exécution, les détaillants seraient obligés de se syndiquer ou de s'entendre, surtout dans les petites localités, en raison des petites quantités de marchandises reçues et le nombre de fournisseurs.

Le deuxième moyen est onéreux et le serait encore davantage pour les commerçants établis hors de la résidence de l'huissier.

Le troisième paraît, sans conteste, le plus pratique, il offre les mêmes garanties. Ceci résulte d'une lettre adressée, à ce sujet, le 17 février 1908, par

M. le Ministre de l'Agriculture au syndicat de défense des commerçants de l'alimentation de Lyon en réponse à une demande que ces derniers lui avaient adressée : nous en donnons le texte ci-dessous :

« J'ai l'honneur de vous faire connaître que le prélèvement d'un échantillon par le détaillant lui-même en présence de témoins honorables (ou mieux par ministère d'huissier) sur une marchandise qui lui est expédiée, me paraît de nature à faciliter la détermination des responsabilités, le cas échéant.

« Sans doute le magistrat instructeur ne saurait être obligé de faire état de l'échantillon dont il s'agit, car il ne faut pas oublier que les intérêts du fournisseur sont aussi respectables que ceux du détaillant et que ni l'un, ni l'autre, ne doivent être mis en cause à la légère.

« Mais lorsque l'échantillon prélevé dans les conditions que vous indiquez offrira tous les caractères d'authenticité désirables, il est bien évident que le juge n'hésitera pas à en faire état pour permettre au détaillant d'établir sa bonne foi. Il suffira, en effet, pour cela, que le juge d'instruction fasse constater, par les experts, l'identité du produit incriminé avec l'échantillon prélevé par le détaillant sur l'expédition du fournisseur.

« Dès lors, afin de rendre possible la production en justice de cet échantillon de garantie, il est indispensable de lui assurer tous les raractères d'authenticité auxquels il est fait allusion ci-dessus.

« L'intervention d'un huissier présente à ce point de vue les avantages les plus sérieux; il est vrai que cette opération, répétée plus ou moins souvent serait onéreuse.

« Dans ces conditions, j'estime que le prélèvement, par le détaillant lui-même, *en présence de témoins honorables,* d'un échantillon (un seul suffit) qui serait déposé aussitôt à la mairie, à la justice de paix, et peut-être au siège de votre syndicat, constituerait pratiquement pour le détaillant une sauvegarde suffisante. »

Conclusions

Nous ne saurions trop recommander aux intéressés de bien se pénétrer des indications qui précèdent. Si leur observation ne présente pas encore toutes les garanties désirables, elles pourront s'accroître et en attendant elles sont de nature à rassurer bien des inquiétudes.

TABLE DES MATIÈRES

TROISIÈME PARTIE

CAHORS & ALENÇON, IMP. A. COUESLANT. — 16.647